CCTV.

中国中央电视台 编

传承

Inherit

第一季

江西美术出版社
全国百佳出版单位

传承，是一种伟大的力量

李欣雁

　　伟大的时代是创作者最好的灵感来源。党的十八大以来，习近平总书记多次强调文化自信的重要性。2016 年 7 月 1 日，习近平总书记在庆祝中国共产党成立 95 周年大会上再一次强调"不忘初心""文化自信"。中国的自信，本质上是文化自信。让我们充满自信的文化就是古往今来一脉相承的中华文化。

　　文化自信离不开中华优秀传统文化这一源头活水，也离不开当今世界的一种共同的力量，它叫做"传承"。传承是一种伟大的力量。正因为我们千年不息的传承，在世界几大古代文明中，中华文明成为没有中断、延续发展至今的人类文明。回望五千多年的历史，我们祖先的智慧依然沿用至今，形成了今天绚丽多彩的中华文化。

　　传统从来不是无源之水，更不是一潭死水，传统的价值在于不断传承的鲜活与澎湃的创造力。因为代代不息的文化传承，传统与我们当下的生活息息相关。在衣食住行和生活百态的点滴细节之中，无不融汇着我们祖先最古老的智慧。因此，发现传承的力量，需要从当下着手，发现身边的精彩故事。

习近平总书记指出："中华优秀传统文化是中华民族的突出优势，是我们最深厚的文化软实力。""提高国家文化软实力，要努力展示中华文化独特魅力。让收藏在禁宫里的文物、陈列在广阔大地上的遗产、书写在古籍里的文字都活起来。" 传播中华优秀传统文化是中央电视台必须担当的政治责任、历史责任和社会责任。中文国际频道一直把传播中华优秀传统文化作为主流媒体的自我担当。长年来始终坚守"新闻＋文化"的定位和"传承中华文明、服务全球华人"的宗旨，强化外宣特色，提升文化品位，形成鲜明的风格，取得良好的社会效益和收视效果。因此，做好"传承"这个题目，我们责无旁贷。

传承的根本动力在于人。非物质文化遗产传承人智慧超群、才华在身、技艺高超，他们是非物质文化遗产的载体。黄土地上灿烂的文明集萃般地表现在他们身上，并靠他们代代相传。有的一传数百年，有的衍续上千年。这些文化传承人的人生追求、思想境界和生活情趣，集中体现了我们社会主义核心价值观的风采。中华传统文化在海峡两岸的传承，也展示了两岸人民的同宗同源、文化血脉紧密相连。

七集大型人文纪录片《传承》（第一季）定位于讲中国好故事，讲好中国故事，以此展现中华民族的优秀文化遗产，传播当代中国文化创新成果。2015年11月开始《传承》（第一季）在央视三个频道的热播，引发了新一轮传统文化热，也让人们对第二季格外多了几分期待。

　　民族复兴的梦想，离不开文化的复兴。我们希望这只是一次开始，只是一次出发，我们将通过各种传播形式，致力于打造一个新的传统文化热潮，促进传统融入生活，让中华民族的祖先智慧永放光芒。

　　限于电视篇幅，许多精彩的文化闪光点和人物故事在纪录片《传承》（第一季）中无法得以全面的展示，《传承》图书的出版适当填补了知识和故事的空白，让人们对传承人背后厚重的文化和精彩的故事有了更多、更全面的理解。

　　无限精彩的故事，无限精深的传统文化，从本书中的影像与文字出发，等待着您去发现、品味，并且融入其中。

（作者系中国中央电视台中文国际频道总监）

第 *1* 章

金 人间的力量与勇气

　　由大地原色生长出的金属已超越了单纯的物质。经冶炼、锻造、加工已成为一种转化的灵感和改变的力量。正是对金属的深度利用开启了人类社会的现代文明。

　　在人类文明史中，曾经有黄金时代、白银时代、青铜时代、黑铁时代等不同的说法，之所以用金属来标定文明的进程，是因为金属巨大而多元的价值功能和实际功能。

　　中国是世界上冶炼金属最早的文明形态之一，我们的祖先很早就将金属冶炼水平提升到相当高度，为后世留下了庄重肃穆的青铜重器和其他各类器物。与此同时，中国人在金属与人性之间也建立了密切的联系，冶炼、锻造、锻炼、铸造……一个个词汇不仅代表着金属工艺，更用在人身上，体现出文明对一个人道德品质和能力素养的打磨。

　　无论是锻造金属的铁匠，还是海上捕鱼时敲响的飞镲，直冲云霄的刀梯，象征君子之德的宝剑，每天离不开的菜刀……每一个与金属有关的技艺背后，都承载着千年不灭的行当，也连接着我们的过去与未来。

　　金，唤醒了人们的生存智慧，也记录着我们无畏的勇气；它重塑了人的内心，也改变了我们的精神气质。我们改变着金属的形态，金属也改变了我们的世界。

古老而特别的生存方式

——飞镲捕鱼

地点：天　津

技艺：国家级非物质文化遗产代表性项目　汉沽飞镲

人物：赵满宗　国家级非物质文化遗产汉沽飞镲市级代表性传承人

渤海海面

　　汉沽，位于天津东郊，濒临渤海湾，古名"小盐河"，如今是天津滨海新区的重要组成部分。这里占天时地利、物华天宝之优，自古享盐鱼之利，除熬盐晒盐外，还以海洋捕捞为生，因此产生了天津海洋文化的典型艺术形态——"汉沽飞镲"。

　　镲是一种金属响器，声音洪亮，传播很远。根据资料记载，汉沽飞镲产生于清朝光绪初年。汉沽一带的渔民为了扩大捕捞能力，常常搭伴组船出海，他们在茫茫大海中遇见鱼群时，各船纷纷敲镲击鼓，鱼虾听到热闹的声响便围拢过来，渔民就能轻松捕获更多。发现这个集体协作的秘密之后，汉沽渔民家家船上备有飞镲，渔民们把敲镲击鼓作为渔情通报、撒网收网及渔船进港后告知家人的信号，把这种方法叫飞镲捕鱼，也称之为"打喜"。

　　民国年间，汉沽高家堡村村民经常遭到海抢子（海匪）的抢掠，进入冬月休船季节后，村民请来形意拳术大师唐维禄传授形意拳武艺，增强自我保护的能力。形意拳文化的融入为汉沽飞镲注入了新的文化活力，随后，从1934年开始，他们开始把镲、铙、钹、鼓相融汇为一体。这其中有一次独特的机缘，汉沽高家堡村村民高振岚、高振先、高振轩、高振奎四兄弟到遵化景忠山朝圣碧霞元君娘娘，见庙中老方丈到碧霞宫前祭祀时挥舞铜钹，做击打翻飞多

传承

种动作，四人随即拜师学艺。回村后，他们将"打喜"搬上陆地，开始应用于宗教仪式或庆典活动，并与汉沽地区家喻户晓的形意拳武术动作相融合，在不断实践中衍编成了独具海洋特色的"汉沽飞镲"。

汉沽飞镲历经100多年的历史，如今已遍及汉沽辖区大街小巷和田间地头，早已超出沿海渔村的范围，但仍保留着沿海渔村的风采。特别是汉沽地区的长芦盐场、杨家泊镇、河西街、蔡家堡等群众自发的飞镲队，在继承传统表演技艺的基础上，将大鼓、大铙有机结合，边演奏边耍镲，做出各种优美的动作。原本并不复杂的打击乐器，在这里已经发展为集民间音乐、民间舞蹈、民间武术为一体的地方综合性传统民俗艺术。2006 年，汉沽飞镲成为天津市首批非物质文化遗产项目，2008 年入选国家级非物质文化遗产名录。

赵满宗，今年 66 岁，是汉沽有名的船把头，打了一辈子鱼的他另外一个身份是国家级非物质文化遗产汉沽飞镲市级代表性传承人。在茫茫海上，汉沽渔民仍沿用飞镲这种古老而特别的方式捕鱼，表现出渔民劈波斩浪、奋勇向前、勇敢无畏的气概，对美好生活的向往和对大海的深情。

时值 2 月，渤海的休渔期结束了。天津汉沽的渔民们进入新一年的工作季节。凌晨 4 点，赵满宗准备出发，他必须赶在潮水涨起来之前到达码头。

"走吧，哥几个，上船了，上船了。"赵满宗招呼着一起出海的渔民兄弟。每次出海打鱼，赵满宗十分挂念家人。他说，总是出远海，一般都得个把月才能返航回家。渔船上的日子，平时要是好天气就没事儿，一旦遇到刮风下雨、

汉沽飞镲

传承人赵满宗

雷电交加的时候，海水呼啸终日，伴随着耳边的狂风，心眼都不由得揪在一块。汉沽流行着一句民间谚语：姑娘不嫁打渔郎。说的就是海上充满风险，艰苦的生活让姑娘们望而却步。

离开海岸线，是对人的一大考验，但对于老赵来说，机遇和诱惑恰恰就在深海之中。渔民外出打鱼，一是看气候，二看水面。赵满宗打鱼经验非常丰富，根据不同形态的水面，可以比较精确地判断鱼群位置。紧接着，他便行船奔着鱼群方向开去。

渤海是黄渤海渔业的摇篮，是多种鱼、虾、蟹、贝类繁殖、栖息、生长的良好场所，故有"聚宝盆"之称。渤海，古称沧海，又因地处北方，也有北海之称。它三面环陆，在辽宁、河北、山东、天津三省一市之间，辽东半岛南端老铁三角与山东半岛北岸蓬莱遥相对峙，像一双巨臂把渤海环抱起来，岸线所围的形态好似一个葫芦。渤海面积较小，有77000多平方公里，海峡口宽59海里，有30多个岛屿。其间构成8条宽狭不等的水道，扼渤海的咽喉，地势极为险要，是京津地区的海上门户。

渤海沿岸河口浅水区营养盐丰富，饵料生物繁多，是经济鱼、虾、蟹类的产卵场、育幼场和索饵场，而中部深水区既是黄渤海经济鱼、虾、蟹类洄游的集散地，又是渤海地方性鱼、虾、蟹类的越冬场。在这里，浮游植物年生产量1.4亿吨，鱼类年生产量49万吨，对虾、毛虾、小黄鱼、带鱼是最重要的经济种类。

赵满宗17岁随父亲上船捕鱼，到现在已有49年，他熟悉渤海的每一片海域。经过8个多小时的航行，今天的捕鱼开始了。

如何获取海洋的鱼类资源，汉沽渔民有自己的秘诀，他们用飞镲捕鱼这种古老而特别的方式。"敲得又急凑，越响，越快，这样才能促使鱼虾奔向咱们来。"赵满宗在遇见鱼群的第一时间，带领各船敲镲击鼓。渔民们打的鼓点是汉沽海上自古以来传下来打的鼓点，名叫"吵子"。鱼虾听到热闹的声响，就会围拢到一起，赵满宗他们就能轻松捕获了。

捕鱼的镲和铙要选用优质的黄铜作为材质。在所有金属中，黄铜的音量最大，1米之内能达到110分贝。正是因为这样，镲声才能在海面上向远处传播。在没

一阵锣鼓镲后丰收的鱼虾

有通讯工具的年代，飞镲是船队之间协同作业的信号，直到今日依然沿用。

"下网了，下网了，下网了！"在下网之后，赵满宗和他的船员们需要耐心等待收网的时机。在等待收网的间隙，赵满宗回忆说，他十八九岁的时候因为爱玩，把横笛拿出来吹。就在笛声悠扬的时候，他的渔船被大小海猪围上。不但围上，而且还顺着他的渔船来回转。那时，他才彻底地知道，海里的鱼虾是有耳音的，它们也爱热闹。

大网在水下已经蛰伏了 3 个小时，突如其来的风浪让船员们措手不及，只能提前收网。今天的收获并不理想。近几年来，没有收获是常有的事，在老赵看来，人类对近海鱼类资源的疯狂捕捞，改变了这里的生态环境。船员们期待着下一网能有好的运气。

渔船继续在大海中行驶，海面上出现细微的变化，船上很快就热闹起来。"起网了，起网了！"网重难拉，但似乎收成不错。这时就再打上一阵锣鼓镲，听到声响的鱼群再次动弹起来，收网就变得轻松多了。渔船满载而归，岸上的家人已在等待。

汉沽蔡家堡的全村老少都会飞镲，他们用这样的方式在大海中捕鱼，维持生计，也用这种方式喜庆丰收，祝福平安。

古法锻制，君子之风

——龙泉宝剑

地点：浙　江

技艺：国家级非物质文化遗产代表性项目　龙泉宝剑锻制技艺

人物：沈新培　　国家级非物质文化遗产龙泉宝剑锻制技艺国家级代表性传承人

龙泉，坐落于浙南地区的历史文化名城，因宝剑而享誉天下。

根据文献记载，春秋末年，铸剑名匠欧冶子奉霸主楚王之命铸剑。他来到浙江龙泉秦溪山麓，见此地古木参天，河水甘寒清洌，尤其盛产一种新的金属材质——铁英砂，在这块宝地，他为楚王铸得宝剑三柄。一曰"龙渊"，观剑如登高山临深渊；二曰"泰阿"，观剑如见流水之波；三曰"工布"，其状如珠不可衽。后来，此地以宝剑之名龙渊为乡名，到了唐代，为避唐高祖李渊名讳，以泉代渊，改称龙泉，唐肃宗乾元二年（759 年）设置龙泉县。

从那时候起，龙泉一词几乎就成了宝剑的代名词。龙泉宝剑不仅在中国古代冷兵器史、中国古代冶金史上声名显赫，在中国古代思想史和中国文化艺术史上也占据了重要的一席。龙泉宝剑，是中国古代匠人、文人和武士在制剑、佩剑和舞剑的过程中逐渐形成的一道独特文化现象，以锋刃锐利、寒光逼人、刚柔并寓、纹饰巧致著称于世。龙泉宝剑锻制技艺，用材讲究，工艺独特，具有鲜明的地域特色，于 2006 年被列入首批国家级非物质文化遗产代表作名录。

沈新培是龙泉铸剑世家"沈广隆剑铺"的第 4 代传人，也是国家级非物质文化遗产龙泉宝剑锻制技艺国家级代表性传承人。

早在清咸丰年间，沈新培的祖爷爷沈朝庆（第 1 代）创办了"沈家铁铺"，以打农具为主，多年打铁过程中总结出了一套诀窍。

在积累了一代人的打铁经验之后，沈新培的爷爷沈庭璋（第 2 代）于光绪十八年(1892 年)挂牌开创"沈广隆剑铺"，号称"壬字号"。沈庭璋开创了新诀淬炼、养光工艺、菖蒲叶状造型这三大铸剑技艺，使所铸宝剑发出自然青寒之光，修长别致，使用称手，且刚柔并寓，富有弹性。这是沈家传统铸制技艺的显著突破，也是宝剑传统技艺史上的重大突破。1911 年，沈家宝剑在龙泉铸剑精英大比武中一举夺魁，享誉宝剑业，并于 1915 年在巴拿马万国博览会上获金奖，此后成为举世公认的"天下第一剑"。

沈庭璋五子焕文、焕武、焕周、焕清、焕全，皆是天资聪颖，在父亲的悉心传授下，个个技术精湛，所铸之剑以剑形独特别致见长，时称"铸剑之家沈氏，文武周清全"，被誉为"沈广隆传人第 3 代"。

作为沈广隆剑铺的第 4 代传人，今年 67 岁的沈新培早已成为龙泉铸剑领域的大师。出生在铸剑世家的沈新培，系沈焕周之子，最初沈家不希望孩子再整天与铁打交道，准备送沈新培去读书。然而沈新培对学堂里教的东西始终没兴趣，常常逃学回家看大人铸剑，沈焕周这才明白"小剑痴"心思不在读书上，就干脆把他从学校里接回来，专心传授他铸剑手艺。年仅 13 岁的沈新培，就稀里糊涂地跟着父辈开始走上了铸剑生涯。

"出生在这样的家庭，就好比钢水炼出来就被浇铸进了剑模子。"他总结家庭环境对其铸剑生涯的影响，在现在看来也许不得不说是一种命中注定。

"未来人世前，时闻锤高歌。少小炉为伴，老大汗成河。"这是沈新培为自己编写的打油诗。1983 年，沈新培离开龙泉剑厂，开始重振"沈广隆剑铺"的招牌，成为剑铺的第 4 代继承人。剑铺依旧，沈氏后代对铸剑的那份

传承人沈新培

痴心和执着也丝毫不改。从 1972 年至今，沈新培仿古厚今、推陈出新，前后研制出乾坤、龙虎、伏魔、鱼肠、云花、倚天等 20 余个新剑种，铸造了铸剑大师的精彩传奇。在半个世纪的铸剑生涯中，沈新培深得前辈祖传的铸剑秘诀，所铸之剑保持了"沈广隆剑铺"历代铸剑工艺特色，身上浑然天成的爽朗气魄正是铸剑师特有的豪迈性格。

在中国传统文化中，有这么一个定论："枪为帅，棍为贼，刀为虎，剑为君。"什么人佩剑？君子佩剑，因此每把剑都应该有君子之风。铸剑行有句老话："铸为下，用为上。"在沈新培看来，用剑之人如何使用一把宝剑比铸剑本身更为重要。

近年来，市面上的剑多为精工铸造，想要定制一把古法手工锻制的好剑，很多人只能到龙泉拜访沈新培。游玄德，南武当第 14 代传人。同为懂剑的行家，每次见面，二人都要在深山竹林里切磋技艺。说到剑，人们也总会想到江湖。或许，年轻的弟子其实已经很难再相信师傅口中的那个武林，但沈新培还是坚持着这种以剑会友的方式。在沟通完铸剑的想法后，沈新培开始为游玄德铸剑。

开炉之前祭拜祖师爷欧冶子，是铸剑行的老规矩。

4 月，谷雨之后大水刚退，是寻找铁英砂的最佳时机。老沈要赶在下一场雨来临之前找到足够的原料。事实上，现代人已找到龙泉出好剑的奥秘，普通铁矿石的含铁量约为 50%-60%，而龙泉出产的铁英砂则达到了 70% 以上，

铸剑过程中反复锤打

高出普通矿石 20%，是铸剑的绝佳材料。利用溪水自然的流动，用简单的木盆淘洗铁英砂。这种 2600 多年前就开始使用的古老方法有效而便捷。

除了优质的铁英砂，龙泉甘寒清洌的溪水和暗藏在水底的亮石，被当地人称为铸剑三宝。一昼夜之后，铁砂已经自然风干，沈新培正式开炉铸剑。

炒铁是铸剑的第一步。龙泉流传着"三斤毛铁半斤钢"的老话，铁英砂中含有硫、磷等杂质，要将其变成适合铸剑的材料必须反复冶炼、锤打。经过上万次的反复锤打之后，杂质基本排除干净，但这还不能算是合格的铸剑材料，接下来还需要加入一定比例含碳量不同的钢。将多种材料融为一体，需要百折百炼，一拳宽的剑身，沈新培和儿子需要折打 65000 多次。

沈新培常说："铸剑是门学问，可以让人倾注一辈子去钻研的学问。每把剑从原料到成品需经过多道工序，但主要在浇铸、锻磨、淬火、养光道。"

铸剑工艺精深奥妙，每一下敲打的轻重缓急都关乎一把宝剑的品质。立夏之后空气湿度增加，沈新培要加快进度将剑体锻制成型。但对于有经验的铸剑师来说，时间再紧也不能急躁。"力到，才能神到。我只有在心情好的时候才去铸剑，心情不好暴躁我是绝对不会去铸的，伤人伤己。"沈新培说。

如果对温度和力道的控制稍有差池，就有可能前功尽弃。"练剑之要，

切忌停滞，身如游龙，罡气至柔，入阴而鸿。要懂得刚柔之法，动静之变。身与剑合，剑与神合。"沈新培坚持，铸剑的第一要事便是剑人合一，二则刚柔并济，三则古朴典雅。一把剑铸得再好，它还是一把剑、一种兵器，但若融入文化，它便有了生命，有了传承的使命。

一个月后，剑体已初步锻造成型。经过冷锻、反复刨锉、矫正、磨砺，一把铁英砂在老沈手中已经脱胎换骨。

在溪水中用木盆淘洗铁英砂

以竹试剑

接下来，沈新培需要用亮石磨剑。亮石是龙泉特产的神奇磨石。据说只有用这种亮石磨剑，才会产生寒光逼人的效果。沈家从清朝光绪年间开始铸剑，这块亮石就被视为宝贝，传到老沈手中已经是第4代，亮石的品质保证着沈家宝剑的成色。

铸剑工艺快要完成了，但对于老沈和儿子来说，能否真正成剑还有最后一个关键的步骤——以竹试剑。竹子的硬度与人体骨骼非常接近，以竹试剑是祖上传下来的老方法。一旦劈竹卷刃，就意味着前功尽弃。

一声清脆醒耳，碗口大小的绿竹应势倒下，又一把龙泉宝剑新生了。

剑，意为人所带兵也，是人类最早随身携带的兵器。3000年来，它已褪去锋芒，更多的成为一种镇宅祈福的吉祥象征。今天，剑已被中国人赋予了正气、正义、权威的含义，传承千年的铸剑行，生生不息。

化干戈为利器
——金门菜刀

地点：台　湾
技艺：台湾金门菜刀制作技艺
人物：吴增栋

存放炮弹的厂房

台湾金门，屹立于福建省东南部海域、台湾海峡西部的城市，古称"浯洲""仙洲"等。唐代，贞元十九年（803年）这里就是牧马监地，五代时编入泉州属尾，1915年1月正式设金门县，取"固若金汤、雄镇海门"之意。

金门全县面积约有150平方公里，包括金门本岛（大金门）、烈屿（小金门）、大担、二担、乌丘、东碇、北碇等12座岛屿，其中金门本岛面积约为134平方公里。它西与厦门岛遥望，东隔台湾海峡与台中市相望，北与泉州市石狮市相望，与大陆最近处仅2310米。金门岛四面环海，环岛多港湾口岸，潮高水深，形中狭如锭，岛形似哑铃，东西宽，南北窄，太武山雄踞东部。

当地俗语称："金门三宝，无人不晓。"一是甜而不腻、献给黄帝的贡糖，二是口感豪迈、劲头不小的高粱酒，最著名的一宝则是用金门炮弹壳制成的金门菜刀。

吴增栋，是台湾金门菜刀制作技艺的代表人。他出身于打铁世家。清光绪年间，吴增栋的祖父学艺于厦门，回到金门后创立"金合利"铁匠铺。祖父过世后，父亲便接手了铁匠铺的事业。

吴增栋出生于1957年，在金门这个地方土生土长。20世纪后半期，金门因其独特的地理位置和重要的战略地位，注定不会平静。1958年8月23日，金门爆发"八二三炮战"。中国人民解放军炮击金门，从炮击开始算起，在此后短短44天的时间里，金门地区落下了数十万颗炮弹。

八二三炮战结束后的第二天，中华人民共和国国防部发表《告台湾同胞书》，其内容是要求台湾共同对付美国为首的帝国主义，并指八二三炮战为惩罚性质及提前通知，停止炮击金门7天。之后又延长两周，于1958年10月20日恢复炮击。10月25日，再次发表《再告台湾同胞书》，表示"中国人的事只能由我们中国人自己解决"，"一时难以解决，可以从长商议"，宣布放弃封锁，改采取"单打双不打"的方针，即单日打炮，双日不打。此后，金门炮战形成彼此之间隔日对打的局面。

两岸仍持续着炮击，但逐渐减少攻势，规模由大到小，由每日改为隔日，甚至到过节时宣布不打。更有意思的是，对接济金门后勤供养的运输船只在无美舰护航的情况下不予炮击。到后来，双方的炮弹已经基本不射向人活动的区域，而是射向荒野。随着形势发展，许多宣传弹开始出现，炮击从某种程度上，演化为一种独特的宣传攻防战。战火一直延续到1979年元旦，美国与中华人民共和国建交，中国大陆发表《停止炮击大、小金门等岛屿的声明》。至此，历时21年的金门炮战才正式画上句号。

长达21年的战火硝烟给身处其中的人们留下了难以磨灭的印象。金门炮战刚爆发的时候，吴增栋刚满7个月，他是跟这些炮声和炮弹壳一起长大的。"你说不怕是骗人的，怎么会不怕！整整20年又3个月，刚好就是我1岁到我20岁。"

吴增栋的青少年时期，金门所有的海岸线都是军事重地，整个片区全部都是雷区。海岸线一条一条的叫轨条砦，是先以水泥为底做成梯形，再将钢条或是铁轨型工字钢条面向来威胁方向铺设好。这么做最主要目的为防止登陆，即为刺破来袭船只船底，使其进水搁浅，不能再次回程载运部队使用。种种复杂的战斗工事在金门到处可见，吴增栋说，在那个年代，他们恨战争。吴增栋常想金门对岸的厦门民众应该也是一样在恐惧中长大和生活。

挖掘机挖出的炮弹壳

谁也没有想到,昔日的烽火硝烟锻造了金门传统的制刀产业。

金门炮战后,时有退役的军人捡来废弃的炮弹壳,让吴家打制成刀,留作纪念。金门的这个岛面积不大,只要用挖土机下挖,几乎都可以挖到炮弹。后来,由于金门菜刀锋利耐用,刚中带韧的特性,即使切割硬物也不易变形,加上口口相传,金门菜刀成了台湾的抢手货。

昔日金门不幸成为两岸的战地,那些在纷飞战火中落下的炮弹,却在日后成为吴增栋事业的特殊原材料。起初,吴增栋等铁匠人用炮弹在做刀,他们觉得是一种废物利用,它原是报废的炮弹壳,制造弹壳的优质钢材是打造菜刀的原料。而现在,随着两岸形势的缓和,金门菜刀已经成为了历史的记忆与和平的见证。

吴增栋把祖辈传下来的制刀经验,加上炮弹钢的特殊钢质,打造出了闻名中外的金门菜刀。他的厂房存放着3000多颗炮弹,一颗大的炮弹可以打50多把砍刀和80余把切刀。仅他家里存的炮弹原料,就可打造一二十万把钢刀。

吴增栋说:"这种东西能够化解以前的这些历史的一些恩怨,就像我们做这把刀一样,化干戈为玉帛。"

一把金门菜刀,必须经过材料切割、加热锻炼、钢刀打造及研磨等烦琐制造程序。吴增栋先从厂房里拿出一颗炮弹,把炮弹壳切割成小块。切割完毕后,吴增栋开始制作菜刀,将钢片投入炭火炉中烧红。几分钟后,他钳出红透的钢片，拿出来锤打。过去是用手工锤打，现在用电锤。在急促的气锤声中，钢壳被打成矩形。随后，吴增栋再次将钢壳投入火中，进行第二次锻打。

吴增栋重重地锤打在烧红的弹壳上，按着菜刀的秉性进行打制，此时飞溅出来的火花与彼时烧制炮弹时的火花颇有几分类似。因打制方式的不同，原本是杀伤武器的钢铁换化成另一种形态，走进我们的生活。

在一次次反复的锻打中，钢板变得越来越薄，刀的外形也渐渐显现。之后，吴增栋将成型的刀胚迅速淬火，再反复研磨、抛光。20分钟后，一把金门菜刀制作完毕。

60多年过去，一切都发生了变化。

对吴增栋来说，从炮声隆隆到如今的和平团圆，一切都像梦一场。以前，生活在台湾海峡对岸的他们，觉得厦门好像就是在地球的另一边，结果没有想到，如今交流的大门打开，彼此之间的生活早已联系在一起。

吴增栋说："我爸爸如果能够还在的话，看到现在，他不知道会有多高兴。"

谁能料想，血与火的战争过后，给人们留下了一门特殊的"传统工艺"！拂去当年炮战的硝烟，吴增栋用精湛的打铁手艺，将炮弹皮转化为案板上制作美食的利器。

进行炮弹切割

走街串巷，不老"跑铁"

——章丘铁匠习俗

地点：山　东

技艺：省级非物质文化遗产代表性项目　章丘铁匠习俗

人物：牛祺圣　省级非物质文化遗产章丘铁匠习俗省级代表性传承人

传承人牛祺圣

打铁是中国最古老的行当，从春秋初期到现在已有 2700 多年的历史。铁匠，见证了中国辉煌的农耕文明。章丘铁匠始于春秋，盛于西汉而大盛于唐，《山东通志》里有"唐时铁器章丘最盛"的记载。由此可见，章丘铁匠自古就是一块金字招牌。下关东，跑口外，走南闯北的打铁方式如今已成为一种习俗，载入我国省级非物质文化遗产名录。

章丘铁匠风俗历代延续，地域遍及长江以北所有省市，具有浓郁的地方色彩，沉淀着底层劳动人民饱含艰辛与快乐的生活印记，是一定时期社会生活的写照。

牛祺圣，住在山东省章丘市相公乡，是省级非物质文化遗产章丘铁匠习俗省级代表性传承人。"我父亲是打铁的，我爷爷是打铁的，我老爷爷是打铁的，我老老爷爷还是打铁的。"一句朴素的话语说出了打铁是牛家一份不折不扣的祖传事业。出生在打铁世家的牛祺圣，到他这一辈子，他家的打铁历史至少就有六辈人，跨越一个多世纪。

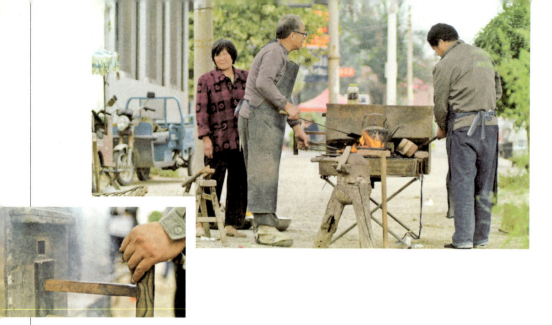

牛祺圣一家在集市中开炉打铁

传统打铁，分为"打座炉"和"打行炉"。打座炉，就是开铁匠铺，锻造好各式铁具在铺子里卖。打行炉，也叫"跑铁"，从明朝开始，就有铁匠推着小车到山东、河南、山西、内蒙古、东北等广大地区打铁谋生，走一程，住一程，时走时住。

牛祺圣家采用的就是"跑铁"这种打铁方式。秋收过后，一年中牛祺圣最忙碌的时候开始了。他每年都要拉着打铁家什出去打铁，四面八乡都等着他去。

章丘铁匠打造的铁器门类众多，大体可分为农具、工具、兵器、生活用品、工艺品及其他六大类，能打各式各样的器物是铁匠水平的体现。牛祺圣这样说道："什么叫铁匠？锅碗瓢盆、锄头镰刀、各种生活用品，你想打什么就打出什么，这叫铁匠。开着机器打个零件那不叫铁匠，最多算是个打铁的。"

"打锄打橛打板撅！打菜刀，钢菜刀！铁耙三齿二齿钩！"到了集市，牛师傅选好地方，准备开炉打铁。一家三口卸下打铁家什，放好木墩，装上砧子。章丘铁匠的烧铁工具为四大件：一是火炉，二是风箱，三是炭槽，四是水槽（用以蘸火）。牛祺圣师傅用的是"地炉"，走到哪搬到哪里，牛师傅先打水和好泥，儿子盘炉生火。他将风箱放在整理后的平面上，安上风道，然后在地上挖出一小土坑，把坑四周用硬泥砌好，在小坑一侧的风道与风箱连接，调整好风向，小坑中部安放上炉条，用泥浆炉条固定并将炉四周抹光，一个地炉就盘好了。

炉子一支起来，牛家铁匠铺，这就开了张！

"来了打铁的了！打锄，打镢，打板镢！就是不打绣花针啊！"牛师傅的吆喝很快引来了人们的围观。常常有看热闹的小孩子问："你们这样干吗呀？"

铁匠，中国几千年来最寻常的行当，直到20年前人们都可以经常见到。然而随着科技发展和时代变迁，昔日的铁匠多数进工厂当了机械工人，风箱变成了鼓风机，手锤变成了夹板锤、空气锤，手工铁匠越来越少。昔日熟悉的场面现在却变得新奇了。在这个集市待了一晌午，留影拍照的人倒是不少，可却没有一单生意。买卖不理想，牛师傅动身往下一个集镇。

自古以来就有"穷打铁，富经商，不穷不富当木匠"的说法，铁匠极其辛苦又不太赚钱，妻子和儿子早就不愿意出来跑铁，可牛师傅还是年年出门，想着以前的老顾客。这一天，牛祺圣的打铁买卖不好，车子还出了问题。牛师傅不想耽误时间，决定留下儿子修车，自己去附近的集市碰碰运气。

"都来买我的懒汉锄啊！懒汉锄，章丘第一锄！快，不沾土，不愿锄地的人拿我锄去，你这锄真好使！"章丘人家家打铁，但是牛师傅的手艺还是

经牛祺圣改良后的锄头

将铁烧透后反复锤打

远近闻名，他平时爱动脑子，经他改良的锄头，刃薄轻快，不粘土，还能让人锄地的时候不弯腰。

"有一个照相机叫傻瓜照相机，一拍，那傻瓜都能照相。我这个锄，懒汉都愿锄地！"往年，牛师傅到这个集市一般都能卖出几十把锄头，这一天牛师傅吆喝了半天，却只卖出了五六把。生意难做，牛师傅有些不安。但牛师傅天生性格开朗，并不着急。他17岁开始跑铁，从山东到山西，从河南到内蒙，打了一辈子的铁，不管走到哪他都能找到生意。

终于，牛祺圣遇上老主顾，今天的活有了着落。他点上炉火，炭槽内备足煤炭，开始烘炉，等炉体挺身后，将火拉旺，开始往炉内放铁。随着铁越烧越红，拉火的速度便不断地加快，看到铁上浆时就必须挺直了手腕子紧拉，待到铁开始冒花快熟时更要加快。这时，牛祺圣师傅一边双手不停地将炉中铁上下翻动，一边大声吆喝道："扇！扇！快扇！"铁到了关键时刻，需瞪着双眼用力猛拉直到铁熟为止。拉火的行话叫"两头紧，中间慢，又熟铁，又省炭。"这便是对拉火行当的全面总结。

铁匠每做一件器物，量好尺寸后需再短一点，因为铁具有伸缩性，铁烧透后在锤打时会增长分寸，俗称"长木匠，短铁匠，一抹二糊泥瓦匠"。分寸是铁匠的灵魂，器物的制作尺寸多是师傅言传身带，如担杖钩子多长、水桶提系多长、大门转身多厚等，全凭脑子记。许多下关东和去内蒙的铁匠，多是以挂马掌为生，好师傅只要看一眼马匹，就能准确地得出具体的分寸，打出的马掌保准安上就合适。

铁匠需根据各种工具使用的刃部不同，把钢放在不同的位置，即"好钢用在刀刃上"。刀、镰等使用中锋的工具，需把钢放在铁的中间，这种工艺叫"夹钢"。制作时，先用铁打出工具的毛坯，再把毛坯烧透，在作为刃部的一端中间印出一道槽，将事先备好的钢条镶在槽内，两边用铁把钢条夹住，然后放在炉中烧熟。这道工序掌握不好，就会出现断刃或夹皮。千锤百炼之后，使其既保持了钢的硬度，又有了铁的柔性，才能达到锋利而耐用的效果。

各种工具出炉后，便开始"冷作"，对器物进行端正刮光。端正，就是用手锤将出炉后的器物均匀地敲击，使整件工具协调美观。刮光，也叫"出钢"，是用刮铁器将钢刃外面的铁皮刮去，清理干净，使钢刃完整地暴露出来。

钢口的软硬，关键在于最后一关"淬砺"。淬是蘸火，砺是磨刃，关系到一件工具的利钝。蘸火时，需把握恰到好处的火候，先把打制好的工具烧红，用钳子夹住器物的背部，把刃部猛地放入事先准备好的水中，听到嘶啦一声后立即从水中提出，然后蘸着水在磨石上磨光砥砺。擦净晒干后，将完成的器物通体涂上石灰，防止生锈。

至此，一件工具便锻打完成了。

按照跑铁行的老规矩，在谁家支炉打铁，就在谁家

牛祺圣一家在老主顾家落脚开伙

落脚开伙，上了门就是自己人。支起炉灶，摊上山东人的杂粮煎饼，哪里有女人的存在哪里就有家的感觉。

"好女不嫁铁匠郎，一年四季守空房，到了腊月回来了，你看，还是破鞋破袜子堆一床。"牛祺圣哼唱着歌说道，谁家好闺女都愿找个白面书生，而他的妻子从 19 岁嫁进牛家，和他成立家庭，为他生儿育女，跟着他的小车跑了 40 多年，所以他必须对她好。

铁匠卖的是力气活，牛师傅和儿子干活从来不惜力。打铁的要看主顾的眼色，要让营生干得长久，更是不能偷奸耍滑。打铁的人一定要老实，人品是第一位，从来不和人家坑蒙拐骗，从来不好吹五拉六，不好说虚的。

累了一整天，牛师傅一家才开始收拾铺盖，生火做饭。

"章丘好章丘好，章丘遍地都是宝，都是宝，绣江两岸稻米香，黄河边上麦浪高，麦浪高。白云湖里鱼儿胖，太平渠旁牛羊壮，南山煤铁质量好，绣惠大葱人人笑。还有我铁匠，手艺好，手艺好！"

伴着袅袅升起的炊烟，牛师傅的一曲地方调，带走了整日走街串巷、跑铁吆喝的疲惫。硬汉铁匠的柔情歌声中，诉说着对生活的深刻理解。

信服勇者，与神灵沟通的特权

——苗族绝技上刀梯

地点：湖　南

技艺：市级非物质文化遗产代表性项目　苗族上刀梯绝技

人物：龙光青　市级非物质文化遗产苗族上刀梯绝技市级代表性传承人

在湖南湘西，苗家人特有的一种传统技艺充满了神奇的魅力。这是苗疆祈福禳灾最为重要的仪式——上刀梯。上刀梯，又称上天梯，苗族长久的迁徙和磨难让苗家人信服勇者，他们相信有勇气赤脚踩着利刃登天的人，能获得与神灵沟通的特权。

苗家人自古以来就流传着两个关于上刀梯起源的传说。其一，相传在很久以前，苗岭出现一个妖怪，到处害人。一位叫石巴贵的青年，自告奋勇带着36把钢刀来到一座高山上，将刀一把一把地由下而上插在一株大树上，插一把上升一步。插到最后一把，登上树梢后，舞动手中的降妖鞭，吹响牛角，高呼要与妖怪决一死战。跟随他上山的百姓则在树下点燃鞭炮和铁铳，敲起锣鼓。妖怪见此情景，只好逃之夭夭。其二，传说有一名叫作赵二郎的青年，为了医好被风沙吹瞎眼睛的乡亲，他背一把黄伞，来到高耸入云的大树上，将刀一把一把插在树干上，然后沿着刀梯攀上云天36天后，只见一把黄伞从天空慢慢落下，伞上沾满露水，苗家人用露水洗亮了眼睛，但是他再也没有回来。苗民为了纪念这两位勇士，在重大节日与祭祀活动中都要举行上刀梯的仪式。

传承人龙光青

今年31岁的龙光青是一位苗法师，市级非物质文化遗产苗族上刀梯绝技市级代表性传承人、贵州省苗族傩技杰出的传承人。

他出生在贵州省松桃苗族自治县世昌乡甘溪村下甘溪，从小受到苗族傩戏文化的熏

刀梯上插着开过刃的钢刀

整个寨子的乡亲为老法师送行

陶。他曾跟大伯龙法灵学习傩戏文武教，文教以说唱为主，武教以技法技艺为主，法技神密惊人，龙光青特别着迷于武教（傩技），是第 28 代传人。好学好动的龙光青，小小年纪便掌握了大量的傩技技法。为提高技艺，龙光青博采众长，奔走湘、黔、川向著名的武术散打、拳师学习交流武艺，大量阅读武功杂技、民族文化艺术等书籍，周游全国各地进行武术、气功交流和傩技教研，为从事研练武功绝技、傩技打下了基础。

经过长期苦练和各地表演，龙光青上刀梯的绝技已达登峰造极之境。他曾于2014年在矮寨大桥高空直播挑战上刀梯。龙光青不带任何保护，不穿鞋子，赤手空拳，一步步攀登上锋利的刀梯，进行背靠刀梯双手抓钢刀悬垂360度旋转等 5 个动作的挑战。他下刀梯进行短暂休息后，放开双手，进行双腿倒挂钢刀 360 度旋转等 4 个动作的挑战。最后，龙光青跳跃着攀登上刀梯，在刀梯顶部进行头顶钢叉倒立、腹卧钢叉 360 度旋转等终极挑战，可谓步步惊心。如今，他被誉为"刀锋上的奇人""世界大刀王"，2007 年被评为首批"中国民间文化杰出传承人"。

一天前，湖南湘西金龙村83岁的苗法师去世了。作为村里最德高望重的人，整个寨子的乡亲都要为他送行。按照苗寨的规矩，老法师去世，年轻的法师龙光青要以上刀梯的方式与老人告别，为村民祈福。

明天就要上刀梯了，龙光青觉得不踏实，还是先来做做准备。每一个怀有上刀梯绝技的人都是经历了多年体能和心理的数重训练。首先特别重视人的意志训练，练习时手、足发力或轻或重都与意念息息相关，其次要求险中求稳，动中求静，显出了冷静、巧妙、准确技法和千锤百炼的功夫，此外还需平中求奇、出神入化、从无到有、通灵入化、轻重并举、软硬功夫相辅相成，最后是具有超人的意志和轻捷灵巧的身手。

龙光青赤手赤脚爬刀梯   登上刀梯摇响师刀

    刀梯是几天前刚刚架设的，与普通的刀梯不同，这座刀梯架设在村头 400
米落差的悬崖峭壁之上，用的刀一般三尺长一掌宽，每一把都必须是经过检验、
开过刃的钢刀。龙光青希望别人把刀磨快一点，越快越好，因为苗家人认为
越危险就表示越诚心。

    这天晚上，法事活动还在继续。为老法师送别的祭祀仪式便是傩戏，傩
戏又称傩堂戏、傩神戏、土地戏或师公子戏，是远古湘西先民鬼神崇拜演化
而来的一种原始的巫舞，起源于康熙年间的湘西，由佛、道与苗族的巫文化
交融而成，多在酬神还愿的宗教性祭祀活动，或春节期间用以驱瘟逐邪时唱，
由男性的巫师、端公表演。

    傩戏表演较少固定程式，动作朴拙自由，表演中说、唱、跳舞夹杂，伴
有踩铧口、捞油锅、吐火、上刀梯等特技，常根据情节过程即兴发挥，内容
多依据神祇鬼怪传说为主。傩戏唱腔丰富，各地差异较大，一般也收当地民歌
曲调，宗教音乐混合而成。其中，口语吟唱较多，以钹、包锣、唢呐、鼓四
种乐器伴奏，烘染气氛，并有众人"压尾"帮唱。傩戏曾广为流传，而现在
只能在偏远的苗寨才能见到。

    上刀梯是傩戏中最为关键的技艺。第二天，金龙村为老法师送行的仪式
格外隆重，全寨子的人都在期待着新法师龙光青的表现。

    在村头悬崖峭壁之上，竖立着一根高约 36 米的杉树干。树干上凿开 32
节孔眼，两边各安插着 16 把锋利的镰刀，刀长一尺五寸，刀背厚 0.5－1 厘米，

刀刃朝上，组成 16 级刀梯，安装时加闩固紧，以防摇动。从现在起，每一步都性命攸关。树干四周拉线固紧，刀梯上端缠系多种颜色的彩布小旗，象征着希望和成功。36 米高的刀梯，一尺一刀，刀刃锋利，龙光青必须经受 256 次利刃的考验。

龙光青身着民族服装，高挽衣袖，赤手赤脚，露出小腿，光着膀子，双手抓住刀刃，双脚踩着刀刃，一梯一梯轻轻往上爬。他身上背着的这个响铃叫作"师刀"，苗家人认为它是一种通灵的法器。人们相信，只有把师刀在最接近天空的地方摇响，才能送走逝者的灵魂。

上刀梯是苗族秘不外传的绝艺，一般在苗法师将老之时才会择徒相授。在此之前，龙光青还从未在悬崖上上过刀梯。他的脚掌踩在锋利的刀刃上，令村民胆颤心惊。"如果你上得快的话，上不了，刀子太快了。这毕竟得小心一点。"龙光青说，苗族传统的仪式很多都带有危险性，他们认为不忘祖先遭受的磨难，才懂得珍惜现在的生活。

时间很快过去，然而龙光青的进度并不理想。龙光青的哥哥放心不下，匆匆赶来。"注意啊，注意啊，危险，抓稳啊，抓稳啊！"他哥哥说，刀刃极其锋利，如果一根头发放在刀刃上，有微风吹动都会折断。龙光青虽然多年严格控制体重，保持在 45 公斤，但即使是这个分量，在锋利的刀尖上稍有不慎，后果也不堪设想。10 分钟后，龙光青赤手赤脚爬到很高了，但体力已经濒临极限。最后的几级，两手握刀却很难着力，需要极其小心。

当他登上刀梯最高一级时，龙光青终于摇响了师刀，他获得了与神灵沟通的特权。苗家人信服勇者，刀梯承载着他们信仰的力量。村民们相信，有了新法师的庇佑，接下来会是平顺安康的一年。

第 2 章

木 万物生命之本

"木者，春生之源"，万物依木而生。

从人类最早采集狩猎，到拿起石头、木棍制作工具，再到有巢氏带领民众躲避猛兽毒虫，开始以木为居"昼拾橡栗、暮栖木上"，"木"一步步见证了人类智慧文明的源远流长和不断发展。

千百年来，中国人恋木、尚木，以木为题，将生活与创造结合，缔造出无数值得珍惜的艺术形态。中国人以木为建筑的重要材料，无论是帝王世家的名堂高柱，还是寻常人家的棚屋木屋，木都是离不开的栋梁之材。说到家居生活，无论家居、装饰、寝具、食器，还是出行的马车牛车、轿子滑竿，木无处不在，支撑起中国人千百年来诗意的农耕生活。至于战场上的抛石车、滚木礌石，乐器中的琴筝箫瑟、笛子、琵琶，木的元素更是不可或缺。

从传统到现代，文明进步的过程或许总是充满挑战和考验，但永恒不变的是在传承人眼里，木是灵魂归栖之所，是隆隆鼓声的基点，是悠扬乐曲的旋律，是艺术的升华，是生命的寄托。

花开花落，冬去春来，木用它的年轮，将历史和时光一圈圈地铭刻在自己体内，如同文明的密码，等待着后来人与之对话。

因为传承，文明从未中断，如同有本之木，生生不息。

寄托永生长寿

——徒手攀岩悬棺绝技

地点： 贵　州

技艺： 省级非物质文化遗产代表性项目　麻山苗族喀斯特攀岩技艺

人物： 黄小宝　省级非物质文化遗产麻山苗族喀斯特攀岩技艺省级代表性传承人

在绝壁上攀爬的蜘蛛人

　　贵州省紫云苗族布依族自治县格凸河流域，是苗族、布依族的聚居地。格凸，在苗语里的意思是"美丽的地方"，在这里，有一群人向着悬崖峭壁上的祖先的木棺攀爬，用独特的攀登方式纪念先人。

　　木棺的历史可以追溯到 2000 多年前，《周易》记载中国人用木头制作棺材，将逝去的先人寄放在树木之中以渴求永生长寿。悬棺葬，就是与《周易》中描述基本符合的一种比较奇特的丧葬方式。

悬棺葬在地理上分布广泛，四川、江西、广东、广西、湖南、湖北、贵州、福建和台湾等地均有发现。棺木的悬置方式有三种：一是木桩式，在峭壁凹入可避风处，凿孔插桩，架棺于上；二是凿岩式，凿岩为穴，置棺于内；三是自然洞穴式，利用岩壁天然缝隙或洞穴，置棺于内。其中，木桩式、凿岩式悬棺在四川至今仍能发现踪迹，四川省珙县悬崖峭壁上还集中存放着 250 多口棺材，长江三峡沿岸的风箱峡和大宁河畔也有多达 300 余处的悬棺遗迹。

放置在悬崖上的木棺

自然洞穴式悬棺，多集中在贵州省安顺市的紫云格凸、平坝县的桃花村等地，有的洞穴内存放多达 600 具，悬棺离地面高度一般在 26 米 −50 米，高的可达 100 米，这些洞穴基本上都临近江河。

紫云县格凸河畔的悬棺涵盖了凿岩式和自然洞穴式两种，我们不禁要问，悬棺究竟是怎样运上绝壁的呢？在没有现代化的起重设备和各种设施之前，悬棺葬如何实现是个巨大的难题。

曾有传说指出，历史上苗族先民能像山里的猕猴一样，在格凸河两岸的悬崖绝壁上攀行，到达人迹罕至的险洞幽谷。当地喀斯特地貌造成了悬崖上凹凸的棱角，为徒手攀岩提供了条件。美丽的格凸河畔崖壁高耸，沿河逆流而上，今天仍可见崖壁上悬置着数十口棺木。事实上，苗族人早已不再进行悬棺葬，但是架设悬棺的徒手攀岩绝技却在格凸河传承下来。黄小宝，是祖传攀岩绝技的第 7 代传人，也是省级非物质文化遗产麻山苗族

传承人黄小宝

喀斯特攀岩技艺省级代表性传承人。他今年53岁，家住格凸河的苗寨，是当地徒手攀岩的高手，自称是一名"蜘蛛人"，这是当地人对掌握徒手攀岩技艺者的称呼。黄小宝5岁时患上小儿麻痹症，两条腿萎缩，12岁时跟着村里的老人罗发科学会了徒手攀岩。当初学攀岩，主要是为了收集岩壁上的燕子粪和硝石，燕子粪用来种地，硝石可以做炸药，这些正是20世纪八九十年代最容易挣钱的副业。

攀爬崖壁掏燕子粪难度很大，要求"蜘蛛人"的身体必须健壮，黄小宝是个特例。黄小宝攀岩主要依靠两臂的力量，他的一只左脚只起到支撑的作用，经过20多年坚持不懈的磨砺，他已成为优秀的"蜘蛛人"。算起来，他徒手攀岩已经有40年了，多年的攀岩生活让黄小宝的双手关节变形突起，手指布满厚茧，乍一看就像一双孔武有力的鹰爪。

蜘蛛人黄小宝的师兄弟共有5个人，黄小宝排行老大，是大师兄。小师弟黄金林是黄小宝的同村人，现在打工归来，也希望加入蜘蛛人团队。黄小宝负责对他进行攀岩技巧的恢复训练，训练已经为期一个月了，黄小宝即将对小师弟进行正式考核。

考核的前一天，黄小宝带着小师弟做最后一次训练。"擦一擦，这样就可以了。"在开始训练之前，黄小宝教小师弟搓搓手，他说这样摸

传承

了岩壁才有感觉。

"拉住那根树根。"黄小宝手把手耐心地指导着小师弟。专业的攀岩运动员往往要借助安全绳、锁套、岩石锥等专业设备，格凸"蜘蛛人"完全依靠赤手空拳，他们有怎样的绝技与窍门呢？

在攀爬的过程中，黄小宝向小师弟讲了四点攀岩秘诀。

一是学功夫之初，要爬上爬下同步学，上两步、退两步后才能继续向上爬。二是认路，手抓之处、脚蹬之点一定要记住，才可以上能上得去，下能下得来。久而久之，每一处攀过的山岩在心中自有一条路。三是不同的岩石形状要用不同的身法，或手扒，或脚蹬，或头顶，要找到最合适的着力点。四是身上出汗时要停止攀岩。只有掌握这些攀岩绝技，才能成为真正的蜘蛛人，在峭壁上运动自如，身轻如燕。训练的最后，黄小宝和二师兄王凤忠决定带着小师弟黄金林再攀爬一次。然而，从悬崖下来的途中，二师兄却出现了险情。好在经验老道的他及时调整，避免了一场意外的发生。

攀岩绝技源于当地架设悬棺的习俗，一

黄小宝像鹰爪一样的手指

黄小宝带着师兄弟来到燕子洞

上午的训练结束了，下午黄小宝和二师兄带着小师弟去看悬棺。

在很早以前，苗人祖先因躲避战争，从长江中下游一带一路辗转到贵州紫云格凸河畔。祖先们为了告诫后人叶落归根，发誓一定要打回老家、收复失地，于是亡故后并不入土，而是嘱咐后人以木为棺，将尸体高悬于凌空阴凉、鸟兽不食的岩洞绝壁处临时存放，一是防追兵破坏，二是防畜兽侵袭，三是便于长久保存，等待着有朝一日"回家"。

"这是我们祖先的悬棺！祖先是徒手攀岩，把棺板一块一块拉倒悬崖上去，组合起来，然后就把尸体放进去。"黄小宝说，格凸河流域的悬棺头大尾小，多为整木，用子母扣和榫头固定，这样是便于拆装组合。攀上绝壁的人将存放棺木的位置选好，打好木桩或凿好放棺木的洞穴后，用藤或绳把棺木部件一件件吊上绝壁进行组装，再把尸体吊上去放入棺内，最后盖好木棺。这样，悬棺葬就完成了。正是悬棺葬习俗的需要，塑造了当地独特的徒手攀岩技艺。

第二天，黄小宝带着小师弟来到燕子洞。燕子洞口峭壁直上直下，高达116米，几乎相当于40层楼。洞里有千万只燕子飞进飞出，峭壁下是看不见底的深渊，洞内则是水声轰

鸣的地下暗河，极具挑战的环境让徒手攀岩充满了艰辛。

近几年，随着旅游业的发展，黄小宝和另外几个师兄弟，一直在格凸河的燕子洞进行徒手攀岩表演。他们在燕子洞洞内四壁上如履平地，时而从一侧陡壁经洞顶翻转至另一侧陡壁，时而单手吊在绝壁上向峭壁下的村人招手，实为惊心动魄。

"远古时代，是谁造了天，是谁造了地。"

黄小宝坐在峭壁上，歌声响彻山崖，这种对终极意义的追问，也非常符合徒手攀岩原本的初衷，在送先人最后一程的路上，面对逝者，这种追问显得格外震撼灵魂。

今天，小师弟能否成为"蜘蛛人"，真正的考验是能否上下走完燕子洞的峭壁。黄小宝不放心小师弟的安全，他先带着小师弟爬一段。在黄小宝的示范和指导下，两人越爬越高，进展十分顺利。

"往那个左边拐，就上去。抓住，往上抓，蹬，脚一蹬。往上抓。"黄小宝仰头嘱咐着小师弟。往常，黄小宝 10 分钟便可以徒手上下，但是今天黄小宝决定只爬一小半，剩余的让小师弟单独爬上去。最终，小师弟用 7 分钟安全到达 108 米处。

接下来，上山容易下山难，小师弟能不能安全下去，也是一个很大的考验。

黄小宝示范单手倒挂

"蜘蛛人"团队

传
承

下来途中，黄小宝示范做了一个单手倒挂，并鼓励小师弟也跟着做一个。成功了，小师弟单手倒挂表现得很不错！

"我是蜘蛛人！我们是蜘蛛人！"激动的话语标志着小师弟第一次攀岩成功，蜘蛛人团队又增加了新成员。

尽管先辈以悬棺葬寄托永生长寿的方式早已消亡，但在黄小宝看来，蜘蛛人的每一次攀爬，都是对祖先的一次致敬。

木头、马尾、草原、乐声
——马头琴

地点：内蒙古

技艺：国家级非物质文化遗产代表性项目 马头琴制作技艺

人物：巴彦岱 国家级非物质文化遗产马头琴制作技艺省级代表性传承人

传承人巴彦岱

阿拉善左旗，位于内蒙古的最西端，苍远辽阔的腾格里沙漠在这里一望无垠。腾格里在蒙语中是长生天的意思，是地位最高的神。生活在此的蒙古牧民，尊崇一种至高无上的木作乐器——马头琴。

关于马头琴，这里传唱着一个美丽传说。草原上有一爱唱歌的牧人苏和，他有匹心爱的白马，皮毛缎子般光亮，嘶鸣银铃样悦耳。一次赛马会上，白马勇夺锦标，可恶的王爷却夺走了苏和心爱的白马。白马思念主人苏和，一日寻得机会脱缰而逃，不幸身中王爷毒箭。苏和悲痛欲绝，日夜守护白马，白马的嘶鸣在耳边回响。于是苏和以白马的腿骨做琴杆、头骨做琴箱、马皮做面、马尾为琴弦、套马杆做琴弓，并依照白马的模样雕刻了一个马头，做出草原上第一支马头琴。苏和拉起马头琴，草原上空飘荡起浑厚低沉的马头琴声。

马头琴，在蒙古语称为"绰尔"，是蒙古族传统拉弦乐器，具有悠久的历史，是蒙古族寄托思念、表述心声和丰富生活的伙伴，是凝聚和振奋民族信念的精神依托。根据学者考证，马头琴从唐宋时期的奚琴发展演变而来，成吉思汗时期流传遍布民间。它伴随着草原牧人经过世世代代，承载着草原牧人的心声，是蒙古民族的文化标志之一。

千百年来，马头琴乐器制作师傅沿袭千年的传统，斫木为琴，让简单的木头奏出美妙的乐音。20世纪80年代，蒙古马头琴演奏家齐·宝力高在北京排练辛沪光的《草原音诗》时，因马头琴容易跑调影响合奏，不得不连夜用泡桐面做成了琴箱，制成了第一把改良版的马头琴。后来，这一制作方式历经诸多音乐家的亲身实践后，被整个业界公认为"至今为止最为成功的改制"

传承

而沿用下来。行业内，齐·宝力高全面改革后的马头琴被称之为"现代马头琴"，之前所有种类的马头琴被称为"传统马头琴"。

马头琴所演奏的乐曲深沉粗犷，激昂大气，体现了蒙古民族的生产生活和草原风格。牧民祖祖辈辈一直和马相依为命，如果听到一个马头琴的声音，他就会想起自己心爱的马。马头琴依托于蒙古族而存在，以声音、形象和技艺为表现手段，并以身口相传作为文化链而得以延续，是"活"的文化及其传统中最脆弱的部分。因此对于马头琴的传承过程来说，匠人的技艺传承尤为重要。2009年，马头琴制作技艺被列入国家级非物质文化遗产代表性项目。

巴彦岱，是国家级非物质文化遗产马头琴制作技艺省级代表性传承人。

牧民巴彦岱原本是一名木匠，52岁时转做马头琴，如今是当地一名资深的马头琴制作师傅。对他来说，马头琴就如同他的生命一样，即便是晚上睡觉，枕头边也放着马头琴。

阿拉善左旗的骆驼那达慕要开幕了，巴彦岱要赶在这之前把马头琴做好。骆驼那达慕是牧民一年一度的盛会，牧民带着骆驼从四面八方赶来，参加各种骆驼竞技比赛。那达慕也是商业的机会，牧民趁着此时到集市上进行商品贸易，因此那达慕也是巴彦岱向牧民出售马头琴的好地方。

这天一大早，巴彦岱带着徒弟买完一批材料，准备为沙漠里的一个牧民制作马头琴。制作马头琴，不同部分选用的木料也有讲究，主要选用五角枫、泡桐和鱼鳞云杉三种木材。五角枫主要用于马头琴的琴头、琴颈和琴箱的背板及侧板的制作。泡桐和鱼鳞云杉用于制作琴箱的面板。传统马头琴多为演奏者就地取材所自制，对于材料的选择、使用以及乐器规格等并无统一规定，选材主要依赖制琴师的个人经验。马头琴之所以能够演奏出深沉粗犷、激昂大气的动人乐曲，要归功于马头琴的独特构造。一般独奏所使用的均为中音马头琴。

巴彦岱买完材料回到家，立刻开始做马头琴。马头琴，长约1米，有两根弦，由共鸣箱、琴头、琴杆、弦轴、琴马、琴弦和琴弓等部分组成。琴杆、琴头，多用一整块色木、花梨木、红木或松木制作。琴杆分两段，上段为半圆形柱状体，

巴彦岱在琴头雕刻精细的马头

前平后圆，正面装有指板。下段装入琴箱，穿过上下框板的通孔，在琴箱下方露出尾柱。琴头雕刻有精细的马头，形态各异。弦槽开在琴头背面，有槽盖，左右两侧各横置几个弦轴。弦轴，又称把子，一般采用黄杨木或琴杆木料制作，轴杆为圆锥体。在弦槽中加装铜轴，固定琴弦，轴干外套轴柄。轴柄呈圆锥形、八方形、瓜棱形或扁耳形，轴柄外表刻有直条瓣纹，便于拧转。

马头琴特殊的声音形态，源自共鸣箱，它是马头琴的主要发声体，制作过程与声学、力学、大小等息息相关。共鸣箱呈正梯形，也有极少六方形或八方形。琴箱框板一般由枫木制成，上下两框板的中央开有通孔，用来装入琴杆的下半段。琴箱正面多用白松或桐木等材料拼接而成的薄板，上开音孔对称分置于中线两侧，音孔形状多是蒙古族传统纹样，板内面粘接音梁（肋木），面板与背板之间另有音柱支撑。

琴马，为木制桥形，横置于面板中央。琴杆顶端置山形弦枕，张两簇尼龙弦，两弦分别用根和根左右的细线合成，两端用细丝弦结住或编成辫，上端系弦轴上，下端通过拉弦板系在琴底的尾柱上。

琴弦，传统马头琴的特点是马尾制弦法，改革后的马头琴用尼龙丝取代了马尾弦。

　　近年来，内蒙古的诸多地区纷纷建立了制作马头琴的工厂和作坊，仅在呼和浩特市一地，从个人工作室到成规模的工厂，制作单位多达 10 多个。因制作师制作工艺的差别，所制作的马头琴也各有千秋，但基本结构都是一样的。为了提高效率，有的工厂开始使用机器。虽然机器雕马头一天雕几十个，手工做一天雕一个马头，生产效率低，但巴彦岱仍然坚持纯手工的传统。

　　那达慕盛会召开的第三天，马头琴做好了。

　　一大早，巴彦岱带着徒弟赶紧出发，巴彦岱要把马头琴给牧民送去，更重要的是赶去那达慕卖马头琴。牧民家住在沙漠里的海子，要一天的时间才能到，中午的时候巴彦岱决定吃完午餐再继续赶路。

　　"到蒙古人家，去了以后，这个马头琴，是相当受尊重的一个东西，拉人家马头琴必须手洗干净，你可以演奏。你不要稀里糊涂出去外面，方便以后手不洗就拿马头琴，人家主人一下就不高兴了。"巴彦岱一路上嘱咐着徒弟。

　　到了下午，师徒 3 人找到了委托他制作马头琴的牧民马师傅。"这次我把马头琴给你带回来了！"巴彦岱对牧民朋友说。随后，巴彦岱师傅按照传统的仪式，将马头琴恭恭敬敬地供放在佛龛边上。

　　师徒 3 人的马头琴声惊动了附近的牧民，他们纷纷赶到马师傅家。巴彦岱说："每次我们去，这样为牧民演奏上一首马头琴，在牧民的笑脸上我看出他们的喜悦之情，我特别高兴。"

　　马头琴声婉转悠远，浑厚深沉的长调在马头琴声中被演绎得淋漓尽致。琴声、歌声融汇着牧人的喜怒哀乐，融汇着牧人的希冀从牧人的心底飘出，弥散在整个草原，又从草原回转而来，流泻到牧民的心里。

　　渐渐地，师徒 3 人演奏的马头琴声，也从蒙古包飘扬到了沙漠。

　　在这一年的那达慕大会上，来找巴彦岱做琴的人，比往年多了一些。

鼓声如惊雷，一动传千里

——台湾响仁和鼓

地点：台　湾

技艺：台湾响仁和鼓

人物：王锡坤

做鼓师傅王锡坤

　　无论是宗教寺庙里的暮色之鼓，还是庙会艺阵表演的跳鼓阵，又或是剧团后场举足轻重的乐器，鼓声在中华儿女的生活中，早已成为镌刻脑海的震动之音，在台湾也不例外。

　　王锡坤，今年65岁，祖籍福建漳州，是台湾新庄"响仁和鼓艺工坊"的做鼓师傅，被誉为台湾的"鼓王"。

　　王锡坤的父亲王阿涂，是新北市有名的做鼓师傅，"响仁和"的创始人。王阿涂，原名王桂枝，1907年出生于新庄，他的父亲原本是一名私塾教师，希望儿子能成为温文尔雅的读书人，但阿涂对读书没有兴趣，倒是在新庄地区的各种民间艺术中找到了快乐。从小开始，他逐渐学会演布袋戏，还借着吹唢呐的特长，常在后台给布袋戏伴奏。后来，王阿涂迷上了鼓的制作，1929年在新庄碧江街上开了"响仁和"吹鼓厂，专门制作皮鼓与唢呐。

　　"响仁和"的名称，来源于佛经中的一句话："佛响仁和，弃恶扬善。"在王阿涂的努力下，"响仁和"的名气越来越大，成为北台湾的著名字号。等到王阿涂有了儿子，他同样希望儿子王锡坤好好读书，将来不再从事辛苦的做鼓行当。但到后来，王阿涂突然离世，家里的鼓店无人打理，王锡坤是个孝子，不愿让父亲创下的鼓店招牌和精湛鼓艺销声匿迹，便放下学业，在30岁时从零开始学习做鼓。一晃就是35年过去，王锡坤凭借吃苦和勤奋不仅保住了"响仁和"的招牌，还打造出"响仁和"更高的品质和成绩。

　　最近，王锡坤在制作一面定制的大鼓。这面大鼓是由山西五台山的一位百岁高僧定制的，鼓身高达175厘米，皮面宽170厘米，至少要4个人才能合

抱过来。王锡坤制鼓完全是人工，包括木工（鼓桶）、皮工（鼓皮）、铁工（铜钉、铁环）三种，具体分制作鼓皮、制作鼓身、扎桶、绷鼓、踩鼓、装饰六个步骤。

第一步是制作鼓皮。鼓膜，俗称鼓皮，分为台湾水牛和黄牛皮。水牛皮纤维粗糙，牛龄越老，韧性越佳，适用于经常性或长时间重力敲打的鼓，例如狮鼓、阵鼓。黄牛皮纤维较细腻、薄脆，适合制作放置在室内、短时间或轻轻敲打的鼓，如寺庙里的庙鼓、诵鼓。

"牛死留皮"，鼓能替老牛延续多久的生命就要看匠师的技艺了。王锡坤在牛皮上画好所需大小圆弧，切割后用85至90度的开水烫洗，再用双柄削刀慢慢削去厚厚的脂肪层，直至削出鼓皮厚薄。削皮的过程客户是看不到的，他把这当作是对自己的一个交代，这是对技艺的一份敬重，也是一份责任使然的庄严感。

削皮时，鼓面要薄，刀法要匀称，音质才会准确，四周与绳索结合的地方制作精良才经得起绷鼓时拉扯的力量。此后将削好的鼓皮放在相同尺寸的鼓桶上，用人力把鼓皮拉紧，鼓边部分暂时以钉子固定，然后曝晒干燥成型。

接下来是制作鼓身。鼓身，俗称鼓桶，首重木材的选择，木材的软硬、厚薄、干燥程度都将决定鼓的声音和寿命。响仁和鼓使用较多的是大叶楠木，这种材质在长期干燥、熏烤防蛀及强力绷鼓的过程中，不易变形弯曲。不同以往，由于是高僧大德订制的鼓，王锡坤精选的是上等花梨木，175厘米高的木材用了将近60片，放在干燥的室内自然风干。

下一道工序是扎桶。扎桶又称扎鼓身，将一片片修刨成向外弯曲状的木材，扎成鼓桶。先在每块木片的两侧涂上AB胶，早期使用尿素胶，待所有木片黏结完成后，两边先用卷成麻花状的铁箍固定，使胶粘得更牢靠。然后以铁锥和木块敲打铁箍，使木片间的缝隙更紧密，铁箍可防止鼓桶在敲打时开裂。扎好的鼓桶经过熏烤蒸干多余水分，防止鼓身日后变形。熏烤的过程可以杀死肉眼看不见的虫卵，起到预防鼓桶虫蛀腐蚀的作用。最后再用特制圆规画

绷鼓

王锡坤父亲70年前做的鼓

出正圆，纠正鼓身。

工作了一天，王锡坤来到自家边上的鼓文化馆。2002年，王锡坤为纪念父亲，在工作室隔壁成立了"响仁和鼓文化馆"，并对外开放。馆内陈列了台湾三大制鼓师蔡心瓠、蔡宽谅和王锡坤父亲王阿涂的作品，兼有来自非洲、泰国、韩国以及我国西藏、广西等地的各色鼓类。这个小小的文化馆，为台湾制鼓艺术留下珍贵文物见证。为推广鼓文化与工艺，他还亲自导览讲解、不遗余力。

每天下班之后到这里走一走，是王锡坤的习惯。馆里存放着父亲70年前做的一面鼓，鼓声依然浑厚。"鼓的声响就像是爸爸在叮咛，你要好好用心做，你不要辜负我响仁和这块招牌。每天都是这样子，每天都是这样子。"

王锡坤传承了父亲的制鼓态度，坚持着每一个鼓的品质和诚意。

第二天，王锡坤准备进行第四步——绷鼓。绷鼓程序直接关系到鼓的寿命，绷鼓也称蒙鼓，是将鼓皮与鼓桶紧密结合。早些年，选取的是粗麻绳闯过鼓

调整音质

皮边缘，接着套上圆木棍绑在两根重叠的横木棒上，靠人力在横木棒间插入木块，采用人工的方式绷鼓费时吃力。从王锡坤的父亲王阿涂开始，制鼓师傅用千斤顶取代横木棒。王锡坤调整好麻绳，千斤顶开始在下面加压，这时必须相当的耐心，徒弟在师傅的要求下，缓慢且循序渐进地撑高一下，再放松一下。同时，慢慢借助木尺辅助修正鼓面的圆弧度。

第五步是踩鼓。绷鼓完成后必须踩鼓，目的是调整鼓皮的松软程度，维持鼓声音质的稳定性，否则鼓皮在敲打一两年后就会松软，导致鼓声变质，失去轻快的节奏和浑厚的响度。踩鼓时，鼓皮不能绷得太紧，踩下去时微微凹陷，人赤脚站在鼓面上，以全身力气单脚向下，以脚跟在鼓皮上用力蹦，从边缘向中间慢慢进行，不能太快或太急，平均地踩完整张鼓皮。每踩鼓一次，千斤顶就撑高一次，在一松一紧、一拉一放之间，反复调整音质。与此同时，徒弟协助师傅调整千斤顶，反复调整鼓面的圆弧度并调整音质。

偌大的鼓皮上，王锡坤不会放过每一个细节。他仔细检查，发现有一点点不均匀的地方，都会再次调整。鼓皮绷得越来越紧，制作鼓桶的木材经受着考验，木头太软的话比较容易扭曲。"像打雷一样！"王锡坤反复调试了3个小时，大鼓声音才让他满意。鼓的声音调试不是一次完成，像这样的反复调试，王锡坤还要进行一个星期。他说，端详一件工艺品的细处就知道工匠的认真程度、制作过程是否用心，细心是决定一个鼓品质好坏的关键因素。

做鼓的最后阶段是装饰，将装饰用的铜环钉在鼓身，便大功告成了。为了提高鼓的美学价值，王锡坤非常重视鼓壁的美饰。他认为，现用有色棉纸增强鼓壁的色彩与质感是不能持久的，用生漆涂饰效果会更佳，因为时间越久，生漆越有光彩。为了学习上漆技术，虽已年届花甲，王锡坤却坚持每周六下

存放着各色鼓类的"响仁和鼓文化馆"

午从工厂下班后，直接乘高铁到台中，再换公共汽车到一个漆艺技术研究所学习，现在他已经熟练掌握了漆画技术。

"轻轻敲起了鼓，我一直觉得爸爸一直在跟我说话。传统工艺就是要不断学习、不断地精进，就像台语里有一句话，功夫不是三年五年就能学会的。"王锡坤这样诉说着自己对功夫的理解。

响仁和有许多年轻学徒，都是从钉钉子、穿绳子等基本工作做起，但是同样花了三五年学，有的人却依旧做不好，问题就在于态度。学习态度好，即使技巧没那么成熟，但终究一定可以学成。

制鼓30年，王锡坤对鼓声也严苛要求了30年。在他看来，"制作一颗鼓"和"制作一颗好鼓"是不同的。鼓最大的魅力在于声音，一个鼓无论外表多么绚丽，敲击出的声音如果是死的，就不是一个好鼓。所谓的好鼓，就是敲击了20年后显现出的声音仍必须是活的、澎湃的、真正让人感动的，这就是响仁和的坚持。正因为这样的坚持，响仁和的鼓不仅遍及全台湾寺庙，而且遍布全球。

传
承

敬树为神，与树同生
——岜沙苗寨成人礼

地点：贵　州

技艺：省级非物质文化遗产代表性项目　岜沙成人礼

人物：滚水阁　　滚元拉

树木是人类的朋友，中国人对树木更是有着特殊的情感，千百年来的文化积淀，围绕树木形成了一系列独特的礼俗。在中国黔东南，有一个叫岜沙苗寨的地方。岜沙，在苗语中意思为草木茂盛。岜沙苗寨，位于郁郁葱葱的山林之中，被称为"中国最后的枪手部落"。

岜沙苗寨

岜沙苗寨是地球上最神秘的21个原生态部落之一，这里的人们敬树为神，与树同生同长。从行政归属上来看，它位于贵州省黔东南苗族侗族自治州从江县丙妹镇。这是一个纯苗族村寨，土地面积 18.28 平方公里，由大寨、宰戈新寨、大榕坡新寨、王家寨和宰庄寨 5 个自然村寨组成，全村共 500 余户，约 2300 口人，主要

岜沙森林中滚水阁带元拉告别生命树

由滚、王、粟、吴 4 姓构成。

这里至今仍完全保留着岜沙苗族独特的衣着头饰。女性上穿对襟无领无扣紧身小袖衣，袖口、衣摆饰以栏杆花和花带，内系蜡染围胸，下着百褶裙，左右两边饰红、绿、白布条，套蜡染脚笼，系花带下垂，所戴银项圈多达 10 圈，粗大沉重。男子则上穿无领右衽铜扣青布衣，下着大裤管青布裤，常年身挎腰刀，腰间小腹部位系绣花烟袋，长枪扛于肩上，短枪挂于腰间，火药壶、铁沙袋系于腰间左侧。

岜沙村寨的历史超过 500 多年，这里遗存着众多明清以来的痕迹，保留着传统的农业生产方式。村民们住在附山而建的吊脚半边楼，主要种植水稻、玉米等农作物。他们在缺乏水源的山坡种植杉木，这是岜沙村民建房的主要材料。相对封闭的环境、自给自足的自然经济、独有的语言和心理素质，铸

就了岜沙苗族人独特的民族性格和民族文化。

滚水阁是岜沙苗寨里为数不多读过书的文化人，他喜欢本民族的文化，被族人称为未来的寨老。滚水阁的侄子滚元拉今年年满15周岁了，滚水阁要为元拉主持成人礼。独特的岜沙苗寨成人礼，2007年入选省级非物质文化遗产代表性项目。

岜沙成人礼，是岜沙男人必须经历的人生洗礼，也是人生重大角色的身份转换。如果没有举行成人礼，滚元拉就不被视为一个男人，在岜沙不可以参与一切成人活动。

滚元拉也想快点成人，成人后才能帮爸爸妈妈做苦力。仪式的举行时间，一般在当年的秋末冬初。滚水阁和元拉的父亲专门请本姓家族中的"鬼师"到家中作客，商定为男孩举行成人仪式的具体时间和相关事宜。日期确定后，母亲便开始为男孩缝制一套用于成人仪式上穿的新服饰。

成人仪式这天一大早，滚水阁就在寨子里挨家挨户筹集糯米，为成人礼做准备。

相传岜沙人的祖先为躲避对手追击，急需寻找藏身之处，岜沙森林庇护了他们，所以在岜沙人的心目中，树木就是他们的生命，他们的神。他们一直崇尚树，至今保留了许多敬树爱树的习俗。

根据习俗，在成人礼前，水阁要带着元拉去告别他的生命树。在岜沙，孩子一出生，父母就会栽下一棵生命树，与小孩同生同长。生命树跟这个孩子同生同长，每逢年过节父母都要带他去祭拜他的生命树，关心它的成长就如同关心自己的孩子一样。在岜沙人看来，生命树如果被风刮倒或被谁砍掉，都是一种不祥的征兆，他们会立即另外种上一棵。"我今天成人了，感谢你15年来的陪伴。"

滚水阁挨家挨户筹集糯米

镰刀剃头　　　　　　　　　　　　　为准备成人礼捕鱼

滚元拉虔诚地对生命树告别。举行过成人礼过后，意味着生命树已经把元拉带成人了，他就可以不用去拜了。

除了生命树，岜沙人还会为孩子指定消灾树，保护孩子健康平安。此外，岜沙人死后不设碑，不立坟，砍下自己的生命树做棺木进行树葬，在树葬地点还会栽下常青树。岜沙人将常青树视为死者的生命，继续在世间存在。一棵树背后是岜沙的一个人，每一棵树，都是他们的祖先，所以岜沙人对树特别地敬重。

成人礼上，请乡亲们吃一顿是必要的。滚元拉的父亲在家中杀鸡，备上米酒等食物。接下来要去捕捉稻田鱼，鱼的加入让晚餐更加丰盛。在岜沙，有个传统的说法，哪家小孩举行的成人礼仪式上捕来的鱼越多，他往后的日子会过得越好。

"我抓到鱼了！"滚元拉开心极了。

捕完鱼，滚水阁和元拉的父亲去寨子里找做枪的师傅为元拉做火枪。

岜沙男人自古刀不离腰，枪不离肩，至今仍被允许持有火枪。按照传统习俗，元拉在成人礼上将被授予一杆火枪作为成人的象征。元拉在举行了成人礼后，滚水阁也将为他配上一杆属于自己的枪。

成人礼定在下午举行，仪式上有一项必不可少的程序——镰刀剃头。元拉像岜沙所有的男孩子一样，从一周岁开始，就只留头顶一束头发。长了以后在头顶扎成发髻，发髻称作"护棍"，象征着保护大树，这是岜沙男人传统的发型。

岜沙男人为什么要留着"护棍"的头式呢？这里面有古老的传说。

相传很久以前，岜沙是一片大森林，深山里常有猛兽出没，老虎吃人是常有的现象，搞得人心惶惶，人们白天上山干活都提心吊胆。有一天，这里

妈妈给元拉穿上青布衣

下起了倾盆大雨，河水猛涨，一个岜沙老人干活回家看到河里有个东西在拼命挣扎。老人以为是哪家的牛掉进河里了，于是他放下手中的担子，跳到河里把它打捞上来，并为它烧火取暖。等毛烘干后，老人定睛一看才发现是只小老虎，便吓得拼命往家跑。小老虎活着回到森林后，对森林里的所有老虎说："岜沙人太好了，是我的救命恩人！"它把落难、得救的过程告诉了长辈们。此后，老虎们为了表示感恩，决定永远不吃岜沙人。后来有一天，这个老人去周围寨子喝酒，深夜回家在路上醉倒了。时值大雪，那只被救的小老虎正好出来觅食碰见了老人，担心老人被冻坏，便用自己的身体扑在老人身上以报答救命之恩。天快亮时，老虎托梦对老人说："岜沙人好，老虎们决定不再吃岜沙人，请你们男子留发髻，与其他人区分开来，免得被误吃掉。"就这样，岜沙男人养成了留"护棍"的习惯，并一路延续至今。

中午时分，元拉穿上妈妈做的青布衣。衣服象征着美丽的树皮，元拉在等待着自己一生中最重要的时刻。

下午，元拉的亲人们都赶来庆祝，滚水阁也请来了岜沙寨老为元拉进行镰刀剃头。寨老用割草的镰刀为元拉剃头，剃掉头部四周大部分的头发，仅留下头顶中部盘发为霸髻。从这一天开始，这样的发式将伴随元拉的一生。

岜沙人崇拜树，认为头顶上的这一束发髻象征一棵大树，把根深深地扎在岜沙汉子的身上。为了让这棵树长得更加的茂盛，要清除掉杂草，这样人能够像一棵树一样，没有其他杂草的干扰，可以健健康康地成长。

镰刀剃头之后，滚水阁为滚元拉授枪，标志着滚元拉正式成年了。一声枪响，响彻苗寨。

枪声在向祖先告明，岜沙苗寨又有一个子孙成人了。

一片丹心刻汗青

——留青竹刻

地点：江　苏

技艺：国家级非物质文化遗产代表性项目　留青竹刻

人物：徐春静　国家级非物质文化遗产留青竹刻技艺市级代表性传承人
　　　徐秉方　国家级非物质文化遗产留青竹刻技艺国家级代表性传承人

中国是世界上竹子资源最丰富的国家，被称为竹子王国，长江流域分布着大片竹海。中国也是世界上最早使用竹制品的国家，人们认为竹子象征中华民族坚强不屈的气节和刚正不阿的品格。

在秀丽的江南，人们与竹为伴，用竹子进行艺术创作。地处长江之南、太湖之滨的江苏常州，是一座有着 3000 多年历史的文化名城，这里盛产毛竹，人们就地取材，创作出闻名中外的留青竹刻。

留青竹刻，俗称"皮雕"，是一种用竹表青筠雕刻纹饰、以竹肌为地的浅浮雕技法。留下竹子表面的竹青层，铲去图案以外的竹青，露出竹肌层作为画面的底色。在浅薄如纸的青筠上，能工巧匠们刻画出花卉虫鸟、珍禽走兽、远山近水、人物肖像以及草隶篆等题材。竹青层、竹肌层色泽不同，这种区分让画作呈现出水墨画般的浓淡层次、明暗差别。竹青筠色洁如玉，色浅微黄，竹肌则显露自然纹理，色深如琥珀。年深月久，色泽差异愈加分明，形成由浅至深、自然退晕的特殊效果。

根据记载，这种表现形式独特的竹刻艺术，起源于唐代，最早装饰在扇骨、茶叶筒等竹制器具上面，多为花纹图案，层次感不强。目前所见最早的留青竹刻实物是收藏在日本正仓院中的唐代乐器"尺八"，又名竖笛，表面布满飞鸟、树木、弹琵琶者、摘花者及仕女等纹饰，刀法稚拙，尚在初级阶段。

明代后期，竹刻艺术家常州府的张希黄创新发展了前人的刻法，突破了

旧友的平面图案形式，使用阳文浅浮雕技巧，使竹刻与书画艺术结缘，达到了笔墨神韵和雕刻趣味兼备的艺术境界。张希黄的竹刻，成为晚明时期留青技法的典范，至今上海博物馆还保存着他的传世代表作——山水楼阁笔筒。

从明万历年起，嘉定竹刻和金陵竹刻享负盛名，可惜到了清末，这两种竹刻艺术开始衰落，反而是原本算不上江南竹刻中心的常州，传承了张希黄的留青竹刻一脉，凭借出色的成就在清末开始独占鳌头。

千百年来，留青竹刻的呈现形态主要有台屏、挂屏、镇纸、笔筒和臂搁等品种，代代相承。2008年，留青竹刻入选国家级非物质文化遗产代表性项目。

徐春静，是常州徐氏留青竹刻的第3代传承人，也是国家级非物质文化遗产留青竹刻技艺市级代表性传承人。

常州竹刻，有徐、白两派，徐门写意，白门写实。徐春静的爷爷徐素白是徐派创始人，父亲徐秉方幼承家学，专攻留青，如今是留青竹刻技艺的国家级代表性传承人。徐秉方的竹刻表现形式依内容而变，有时工整，纤毫毕现而无工匠气，如昆虫的胡须、禽鸟的细羽、人物的眉发等；有时写意，淋漓潇洒而大气浩然，如粗枝横斜的树干、烟波浩渺的江面、翩翩起舞的衣袖等。徐秉方最令人称道的是留青山水，云山叠叠，雾凇层层，变幻莫测，令人叫绝。著名文物鉴赏家、学者王世襄曾评价其竹刻："当今中国竹刻，无愧于古人的只有留青，而当代留青是以徐秉方的水平为最高。"

徐家世代刻竹，到徐春静这里，刻刀始终没有停歇。13岁时，徐春静就拿起了刻刀，当地的人都称她为竹刻仙子。19岁时，徐春静当上了空姐，但只干了7年，她就辞职回家了。许多人不能理解她为什么要辞职，戏言总不

传承人徐秉方和徐春静　　　　　　　　　　　　　　　　　　　　　在山里选竹

能靠画画养活自己。徐春静不管这些，她坚定地认为人生所追求的就是要把这个竹刻留青刻好，哪怕一碗稀饭，能吃饱就行。辞职之后，徐春静以竹刻留青为生，至今已经25年。在日复一日与竹相伴的过程中，她刻竹找竹，乐在其中。

12月的最后一天，徐春静和父亲徐秉方去山里采竹，为明年竹材做准备。

溧阳南山竹海毛竹面积多达万顷，是徐春静采竹的首选之地。留青竹刻的取材要求近乎苛刻，按照父亲徐秉方的采竹经验，选竹要选取3-4年生的腊月毛竹，过嫩的竹子过于疏松不够坚硬，过老的竹子又纹理粗糙，不适合后期的精雕。所选的竹子不能施过肥，竹皮光洁平滑、没有虫斑，竹节较长，竹质坚实紧密，这样的竹子才适合竹刻。此外，选竹最好选背阴的山地之竹，背阴的竹木生长缓慢、竹质紧密坚韧、虫害少。沿着这严格的标准，有时在上千棵竹木中，仅能选出三五棵合适用作刻竹的材料。

爬过三座山之后，在一个人迹稀少的山沟里，徐春静发现一根不错的竹子，山里这样大的毛竹没有几棵。随后，徐春静和父亲小心翼翼地将竹子运回去，运送的过程并不容易，但她说宁可自己受伤也不能让竹皮受一点伤。

傍晚下山的时候，下起了小雨。姐姐徐文静已经等候在山下，为防止竹片出现水印和虫蛀，砍下的竹子要连夜煮出来，称之为"煮青"。采好的竹子被截成一片一片后，竹片放在沸水中煮约20分钟。待所有的杂质浮于表面，便从沸水中抽出竹片，快速擦拭竹片表面黑色的油脂以防止其凝结。这个过程充满挑战，竹节从沸水当中抽出来时温度很高，他们的手上常常会烫出水泡。

凌晨一点，父女3人才将上百片竹子煮好擦完。擦好的竹子明天早上要运回家晾晒阴干，竹片不能被雨及露水淋湿，也不能放在阳光下暴晒，否则竹片

用于留青竹刻的刻刀

竹刻作品犹如中国画的墨韵虚虚实实

表里干湿不一，会导致收缩不一致而开裂。晾晒阴干的竹子，在空气中自动氧化，竹底会越来越红，竹筋若无杂质也会又红又透，竹肌年代越久颜色越深。

尽管竹子已经是精挑细选，但在长达 2 年的晾晒过程中，30% 的竹子还是会因为开裂而被淘汰。

采竹之后第二天，徐春静开始在竹片上雕刻。

竹刻留青的雕刻复杂而细致，主要有整形、描图、切边、铲底、打磨这几个步骤。先将竹材制成长方形的臂搁、挂屏及笔筒等各种物件，打磨光滑，称为整形；接下来，将书画稿描印在竹面上或自画，称为描图；然后将表面图案的形状按边线用一定的角度分垂直、倾斜、弧形等手法切出，称为切边；在同一层面将切边后的边缘铲刮，称为铲底。

徐春静手上的竹片是 2 年前储备的，竹子分为竹皮、竹肌、竹黄三部分，她要用各种刀具在不足 0.1 毫米的竹皮上雕刻图案，铲除图案之外的竹皮，露出竹肌为背景。在心中有了竹刻的整体造型和布局以后，徐春静开始勾勒外轮廓线。竹刻创作不仅要注重画面的内容与构图，同时还要善于利用竹子自身的肌理与美感，这样才能更完美地体现出竹子自身所具有的古朴。

徐春静开始运刀雕刻。在竹刻的制作过程中，刀的运用至关重要，一是用刀的力度要均匀，用力过猛则容易溜刀和跳丝，二是需要各式刀法左右穿插，有阴有阳，综合处理画面的层次感。接下来是切边铲底，去掉底面的竹青，突出刻画的物象，同时要注意绘画的笔触，体现出墨色的变化。

留青技法与中国书画密不可分，中国画的笔墨神韵淋漓尽致地融入到竹

传承

刻作品中。在留画的地方多留一点，少留一点，虚虚实实，跟中国画相结合，刻出来的作品自然也有了中国画的墨韵。

竹刻的书法部分要求边缘流利挺括，底面留青均匀平滑，竹筋通直，绘画部分则根据笔墨的浓淡、深浅、虚实来决定竹青的全留、多留、少留甚至于不留。徐氏家族一直把书画当作必修课，初学竹刻时，徐春静的父亲就曾告诫她，要在留青竹刻上取得很高的水准，必须在书画上下功夫。

对于书画功夫，徐春静说："一幅中国画，你要通过你的刀来表现以后，它就是一件精美的艺术品了，其实当大家看到我们一件成功的艺术品摆在面前的时候，在这之前，我们已经花了好多道工序，花了好多的艰辛在上面了。"

刻刀痕里飘墨香，但留青笃出精微。一件留青竹刻的精品历经采竹、煮青、雕刻三个阶段的工艺，一般需数月甚至几年时间才能完工，大件复杂的作品则需要耗费更多的工夫。

徐春静的父亲徐秉方刻了一辈子竹，一辈子以刀代笔，以竹为纸。如今，徐春静和姐姐文静开始教徒弟刻竹。

在父亲的眼里，每一个孩子都是一根青竹，把他们培养好，竹刻行当就后继有人了。

徐秉方一家和学徒们

第3章

水 民族的文化品格

水，孕育了人类文明。从远古的祖先们开始，逐水草而居，依河流两侧安家。人类的四大文明古国，无不以水而建，因水而兴。

中国是一个水资源丰富的国家，2000多年前，中国哲人老子就说出"水，利万物而不争"的名句，了解到水的特性"天下莫柔弱于水，而攻坚强者莫之能胜，其无以易之"。历史上的大禹治水，李冰监造都江堰、灵渠、大运河，直到当代中国的红旗渠、三峡工程、南水北调，中国这方水土上，流传着数不清的与水相伴的传奇。

对水性的掌握和驾驭是创造美好生活的开始，无论是制作羊皮筏子，漂在黄河浪尖谋生活的筏工，还是以水为媒，酿造出人间美味的先市酱油，抑或是熬制草药，洗浴、饮用，甚或是在干旱的西北建设水窖以解决饮水问题，无不说明一点，水在我们的生活中不可或缺，意义深远。

盈盈一水三千年，秋水伊人已难分。这些用手艺养活家人的男男女女，积土为山，积水为海，不仅创造出千千万万用水的手艺，还从水的身上，寻找到"上善若水"的文化品格，形成中国人谦虚、内敛的民族性格。

可以预见的是，在绵长的中华文明史上，中国人与水的和谐交融，将会山长水远。

遇大浪，走浪尖
——黄河上的羊皮筏子

地点：甘　肃

技艺：省级非物质文化遗产代表性项目　羊皮筏子

人物：李迎宾

黄河流域上的筏队

景泰县龙湾村，一座位于黄河上游的村落。

村口就是黄河，从青藏高原发源，全长5400多公里的黄河，奔流在龙湾村一带，水流湍急，危机四伏。在这里，黄河像龙一样盘出几道湾来，村子也因此而得名。

一面是黄河，一面是石林绝壁，龙湾村走向外部世界的唯一通道就是黄河。羊皮筏子，成为了龙湾村祖祖辈辈的主要交通工具。这种古老的水上交通工具，在唐代以前叫革囊，是黄河三筏（牛皮筏、羊皮筏和木筏）中最轻便的筏子。它小而轻，吃水浅，十分适合在黄河上行驶。不管是在水深40公分的浅滩，还是在怪石耸立、河面宽窄无定、河水深浅不一的黄河激流中，都能大显其能，被称为"黄河上的天之骄子"。

黄河流域上的羊皮筏子，分大、小两种。最大的皮筏由600多个羊皮袋扎成，长12米，宽7米，6把桨，载重量多达20—30吨，这种皮筏一般用于长途水运。大羊皮筏当年从兰州出发，每天顺流行进200多公里，12天便可以抵达包头。小皮筏，一般用10多个羊皮袋即可扎成，适于短途运输，主要用于由郊区往市区送运瓜果蔬菜、渡送两岸行人等。

羊皮筏子的制作原理很简单。把羊皮整个扒下来，把四条腿和两头一扎，用嘴吹满气，成为一个气囊。十几只这样的气囊拴在一起，上面再绑一个大木架子，就可以载人了。筏子上的木头，用既防腐又有韧性的柳木做成。此外，为了防止羊皮囊漏气，皮囊内要放胡麻油。放的时候用嘴含一口油，对着一

传
承

条羊腿的那个孔吹进去，为了保证扎口不漏气，往往还要放点盐水。

李迎宾是龙湾村村民，也是龙湾村开羊皮筏子的筏工。他生长在黄河岸边，30 多年来，一直在黄河上划羊皮筏子。

今天，李迎宾要把刚收的一批苹果、大枣、羊毛，运到最近的集市黑山峡去。其实，前些年村里已经通了公路，运送货物完全可以走陆路。但李迎宾觉得黑山峡只有 70 公里，用不着花钱租车，还是用羊皮筏子合算。

李迎宾的羊皮筏子个头不大，由 14 个皮囊组成，适合短途运输。穿过大

羊皮筏子

片高过人头的玉米地，筏队的 6 位师傅扛着羊皮筏子来到黄河边。

"师傅们，准备好了没有？" "好了！"

"准备开筏！" "走！"

随着李迎宾的一声令下，6 只羊皮筏子如黄河上的点点沙鸥，浮游而下。

"使劲地划，货郎东啊，大家留神啊！坐好坐好。"李迎宾的筏队刚出发不久，就来到一个叫货郎东的地方。很多年前，有个货郎在这里筏翻人亡，从此这里被叫做货郎东。

"你从中间过，不要从两边过，两边把你旋进来。"原来，河面出现了两个大旋涡，筏子很容易旋进去。一旦旋进去了，就会一圈两圈地打转，再

筏队经过旋涡水急的货郎东

想往外划出就非常费劲儿了。一番挣脱，大家顺利地渡过了货郎东。此时，李迎宾回头望了一眼，一筐枣还是不可避免地在货郎东的旋涡里打翻了，四处浮散。

黄河的水千姿百态，刚刚渡过旋涡水急的货郎东，河面又变得宁静平缓，水的深度也浅了很多。然而，浅水之下，却是危险的暗礁，羊皮筏子在这里很容易被划破。

太阳过了中午，他们准备靠岸休整。

"来，一二三！来，使劲拖！"李迎宾指挥着师傅们，齐力把羊皮筏子拖上河岸。就在这时，李迎宾发现一个皮筒子瘪了。一位师傅把那个破了的皮筒子从筏子上卸下来，随即拿出一张粘皮子，撸展。

"这个羊皮就是那种山羊羊皮，我们就说公羊皮嘛，就是羊的岁数越大，年代越多，这个皮子它就厚，结实。"师傅介绍着羊皮的特性，又一针一针地把这块皮补在破口子上。

补好的皮筒子

为什么用麻绳子补呢？皮筒子岂不是多了更多的针眼？原来麻绳遇水就膨胀，会变得越来越紧。

皮筒子修补好后，李迎宾对着一条羊腿的孔吹气。旧时，黄河两岸的筏工很多，常用嘴对皮囊吹气。所以当听到有人夸海口、说大话时，当地人往往以"请你到黄河边上去"来讥讽对方，意思是到黄河边上吹羊皮囊或牛皮囊，俗语"吹牛皮"即源于此。不一会儿，皮筒子已鼓得满满当当。李迎宾抛掷了几下，试试它还漏水不漏水。"师傅，你看，这个疤子不漏了，你看。"说完就把皮筒子固定回筏子上去。

"快点，做饭了。"李迎宾和师傅们拿出锅碗瓢盆和食材，张罗起一顿河边午餐。

短暂休息后，李迎宾的筏队再次出发了。他自己常说，当筏工的生活特别累，特别苦，但就是自由自在，人快乐。遇到烦心的事，在家里淘气了，老婆骂了，他觉得不舒服的时候，划一趟羊皮筏子，唱唱歌，漂漂浪头，人就特别开心。

下午出发不久，筏队来到观音崖。观音崖宛如一个巨大的屏风，横插在黄河中心，既改变水流的方向，冲出大大小小的旋涡，又改变风的方向，形成空气乱流，这让李迎宾的筏队更加危险。

"坐好！"李迎宾提醒着同行的师傅们。筏队在黄河上最怕的是风，一般四级到五级风都不怕，怕的是六级以上的风。"把你卷到山崖、峭壁地点，把你碰翻了，风对抗不过，人毕竟能力是有限的。"筏工毕竟力量有限，划不动时就容易被风卷跑。

"后面的加油，注意安全！"

李迎宾说，与大风抗衡也有技巧。首先，每逢大的浪，一般要将桨把好，不把好，一划筏子就会被窝在大风大浪里面。其次，要往筏子的后面坐，把浪头拨好。怎么拨好浪头？李迎宾的祖辈相传着一句话："遇大浪，走浪尖。"就是把浪尖打平，桨顺着浪尖划下来。因为浪尖旁边的水是一个槽，从旁边上，筏子就会被打翻了，必须从浪尖上走。

"卸货！"傍晚时分，李迎宾的筏队到达黑山峡，卸下货物，收起皮筏。皮筏只能顺流而下，不能逆流而上，有"下水人乘筏，上水筏乘人"之说。

李迎宾准备将筏子存在附近的村子里，明天卖完这批苹果、大枣和羊毛，背着筏子就回家！

"轻似沙鸥水上浮，随波一刹过前州。夕阳散尽山村客，负筏人归月在头。"古人对黄河上的羊皮筏子习俗有着生动描写。千百年来，就是像李迎宾这样的筏工，一代又一代地在黄河上讨着生活。

"我们这一带的农民就靠这个黄河，吃的黄河水，用的黄河水，没有这点黄河水，我们龙湾人跟别的村庄错不了啥！所以我们好就好在这个黄河，你看我们这些农民，不管搞啥子，都离不开黄河。"李迎宾望着养育了自己祖祖辈辈的母亲河，诉说着。他有4个孩子，都已经长大成人，去了城里打工。孩子们都想把他和老伴接到城里，他却一直不去。

他说："舍不得自由自在的筏工生活。"

一句"舍不得"，讲出了李迎宾的心声。人世间有太多难以割舍的情感，这黄河上传承了千百年的羊皮筏子风俗便是其中之一。

正是李迎宾们的依依不舍，让羊皮筏子始终在黄河水上漂流，始终没有漂离我们的视线。

日晒夜露，生态交融
——先市酱油

地点：四　川

技艺：国家级非物质文化遗产代表性项目　酱油酿造技艺

人物：陈思维　国家级非物质文化遗产酱油酿造技艺省级代表性传承人

长江、黄河，两条大河和她们大大小小的支流，构成了中国最主要的水系。长江上游的支流赤水河，人称"酿造河"。这条河发源于云南省镇雄县，全长500公里，跨越1500多米的落差，从云南的高原地貌到达四川盆地，在泸州市合江县汇入长江。优质独特的赤水河水，酿出了茅台、郎酒、泸州老窖等数十种酒中神品，也孕育了飘荡千年醇香的先市酱油。

先市镇地区海拔280米，属亚热带季风性湿润气候，年均气温18.2 ℃，年降水量1184.2毫米，无霜期357天。这里气候温和，日照充足，雨量充沛，四季分明。当地土壤为湿土土类，属于高肥力土壤类型。所有的一切要素融合起来，让这片独特良好的自然环境盛产高蛋白的大豆，这为传统酱油酿造提供了营养充足的主要原料。

先市这里同样盛产精竹，为酱油制作酿制技艺的关键用具诸如"秋子"（晒露缸的圆锥形竹簸）等，提供了丰富的原材料。当地的水文地质为可溶性砂岩为主的裂隙孔洞水，地层浇层水质为重碳酸盐型水，利于饮用灌溉，为酱油酿造提供了最优质的水源。种种因素荟萃在一起，构成了先市镇得天独厚的自然地理条件，酿造了先市酱油的千古醇香。

先市酱油传统酿造技艺，始于汉，兴于唐，清代先市清酱发展为"豆油"，至光绪年间，酱油生产由家庭自酿向作坊酿造发展。"先市豆油，仁怀醋"，成为川南黔北渝西地区居民争相抢购的上等调味品。

悠悠岁月的淘洗，使先市酱油形成了一套独特的酿制技艺，世代相传。陈思维，是先市酱油的第五代传人，也是国家级非物质文化遗产先市酱油传统酿造技艺省级代表性传承人。今年50岁的他，从小生活在赤水河边，酱油是他非常熟悉的生活必需品。

跟随着陈思维的身影，我们一起揭开制作酱油完整的工艺流程。

第一步是浸泡大豆。先市酱油特选赤水河两岸生产的黄豆，因为它的蛋白质比较高。泡豆子的水也有讲究，陈思维把这些豆子用赤水河的水充分浸泡。通常，夏天浸泡3个小时，冬天浸泡5个小时。

之后是蒸焖大豆。浸泡后的大豆，放入木甑里蒸12个小时。蒸煮也有技巧，

蒸的过程中要保持武火，切忌"闪火"，以保证大豆均匀熟透。此外，该蒸多少时间，放嘴里一嚼，若口感是沙了，就可以了。当看到豆子颜色变深后，便停止烧火，再焖12个小时，使大豆在高温状态下自然降温，直至豆皮脱落、豆瓣分开。

紧接着，是出甑摊凉、混合面粉，为稍后的制曲作好准备。蒸焖过的大豆放在料台上摊凉，冷却至35℃左右。凉摊之后，再拌面粉。混合大豆与面粉讲究"轻""匀"，既免捣烂大豆，又使混合均匀。若不拌面粉，制曲时微生物就产生不起来，更活跃不起来。

制曲的环节尤为重要。陈思维将拌好面粉的大豆放进制曲室。两天后，大豆上开始长出白色的绒毛。这些菌种不是人工制成，而是赤水河边独有的野生菌种。赤水河岸边自然环境独特，水质、温度、湿度以及日照的时间、强度都很适宜，空气中天然生成大量丰富的有益菌种，为制曲发酵提供了天然的有利条件。

在制曲过程中，温度掌控最为关键。

陈思维没用温度计，仅凭手板、手背，去感知和掌握大豆的温度。温度高了要烧曲，微生物就产生不起来，活跃不起来。太低了也不行，太低了要生火，把温度升高。

酱油酿造中时间最漫长的环节 —— 日晒夜露

将大豆放入木甑里蒸

大豆拌上面粉制曲

温度的及时调整，有效保障了微生物的生长。待白色菌丝长满以后，再保温5天，菌丝便逐渐变成了绿黄色。制曲后，将盛好的豆子移入通风透光的晾房，放置15天，保证酶衣完全成熟。至此，制曲大功告成。

接下来要移曲入缸。陈思维将制曲完毕的豆子倒进晒露缸，加入18%-20%盐浓度的水，均匀搅拌。这些黄豆，静静地躺在600多口具有百年历史的酱缸里，即将迎接一项庄严的仪式——日晒夜露。

"因为黄豆晒过三年多才成熟，才成了酱油。如果说是晒了一年两年，它没有酱香味的，没有成熟。"陈思维说，日晒夜露是酱油酿造中时间最为漫长也最需依靠自然的环节。一般需要持续三年，好的酱油则多达四五年，甚至更长。在这一过程中，稀态盐水自然转化为固态。

在赤水河边一个约45度的缓坡上，数百口酱缸戴着圆锥形竹簸，排成整齐的方阵，接受着大自然的日晒夜露，形成赤水河畔一道独特的风景。这里所用的晒露缸，用竹盖而不用塑料等现代材料，既防水，又利于夜露。同时，恰到好处的自然坡度，特别有利于白天接受更长时间的日晒。赤水河刚好在先市镇起了一个弯，形成回水沱，晒露缸可以吸收更多夜露。

每日清晨，太阳刚从赤水河对岸升起，便直射河畔缓坡上的晒露缸，河水水气受热，蒸发升空。夜晚，水气冷凝，降落在晒露缸的酱坯里。

倒进酱缸

这样得天独厚的自然环境，促成微生物活力酶分解，为先市酱油奠定了独特的风味。

经过1000个日日夜夜，酱坯成熟。此时，放入秋子，酱汁经秋子浸出，用浇提（楠竹制成的舀取工具）在秋子内舀出酱油。秋子浸出采用"一泡二转"技艺，即以60℃的盐水将固态酱坯浸泡，浸泡过程中使酱汁澄清。

从秋子取出不同层次的酱汁，通过"眼观色泽，鼻闻香气，口尝滋味"的方式，勾兑出不同风格和级次的产品。再采用"锅煮灭菌法"灭菌，灭菌后出锅冷却，盛入容器密封（防止二次污染），在静置状态下储存5-6天，然后包装成品。

到这里，酱油就算是酿造成功了。1000斤黄豆，才能酿出80-100斤酱油。理解了繁复的酿造工序，也就突然理解酱油之所以叫"油"。酱油一滴一滴从多年发酵的酱坯中渗出来，可以说是油一般珍贵。

随着生产、生活的发展，传统酿造酱油受到现代配制酱油的强烈冲击。先市酱油酿造技艺程式讲究、生产周期长、产量低，因而在激烈的市场竞争中，生存空间越来越小，传人越来越少，现已高度濒危，亟待抢救。

传统的酿造技艺，保证了先市酱油酱香浓郁、色泽棕红、体态澄清、味道鲜美的独特风味，绝非普通酱油所能比拟。先市酱油酿制技艺，集赤水河流域和川南黔北渝西地区酱油作坊之大成，以其精湛的手工酿造技艺，成为区域食品文化传统的代表，是赤水河流域饮食文化乃至酱油技术、酱油文化的典型。

陈思维的生活，就游走在河水与酱油之间。这样的生活，他打算一直继续下去：

"能够做好长时间，就做好长时间。他们全部都做得来了，我放心了，就不做了。干不动了，就不做了。"

纯净而神圣的洗浴

——瑶浴

地点：贵　州

技艺：国家级非物质文化遗产代表性项目　瑶族医药·药浴疗法

人物：赵财现　赵成富

俯瞰从江县稻田

　　从江县，位于贵州省黔东南苗族侗族自治州苗岭山脉南麓与南岭桂北九万大山地带。中国有句老话，山有多高，水有多高。在贵州省从江县，最高处的稻田，海拔高达 1120 米。灌溉这些稻田的，都是山里渗出来的泉水。远远望去，山水已融为一体。这里的人们不仅利用充沛的水资源种植水稻，还发明了一种独特的洗浴方式——瑶浴。

　　从江造就了瑶浴，瑶浴离不开从江。这一习俗到底源于何时何地？现在已经无从查考。按照祖祖辈辈口口相传的说法，从盘古开天地时，瑶族人便学会了瑶浴。自古以来，具有独特地理气候的月亮山区，给各种生物的生长和各类植物的繁衍创造了得天独厚的自然条件。

　　茂密的原始森林里，云雾缭绕的群山深谷中，生活着瑶族分支——过山瑶（板瑶）。千百年来，他们居住于深山密林之中，游耕于高寒山区，与瘴气、寒气打交道，加上气候多变，毒蛇、毒虫侵袭，防不胜防。自然环境有限，所以当地常年缺吃少穿，缺医少药，生活十分艰苦。为在这极其恶劣的环境

传承

中生存下来，瑶民上山采摘月亮山中野生中草药，用于防病治病和保健身体，由此创造出独具民族特色的医药卫生保健文化。

瑶族药浴，瑶语称"绕身哩"，是其最主要的医疗保健方式。瑶族群众千百年来与山草藤木相处，经过无数次实践应用形成了这一千古良方，2008年瑶族药浴入选第二批国家级非物质文化遗产名录传统医药项目类别。

瑶浴，从用药途径上属于外治法，将浸泡法与熏蒸法相结合，以多种植物药配方，经过烧煮成药水，将药水放入杉木桶，人坐在桶内熏浴浸泡，药液通过人体毛细血管和经络，渗透五脏六腑和全身经络，具有祛风除湿、活血化瘀、排汗排毒的功效，从而达到防治疾病和保健身体的作用。据研究，它对风湿疾病、伤风感冒、消除疲劳、妇科炎症、皮肤病等有明显效果，无病者药浴能消除疲劳、去垢润肤、促进睡眠、调节内分泌、提高免疫力、增强人体机能、延年益寿。

今天，从江县高华村要进行一次隆重的瑶族药浴仪式。

高华村，瑶语称"务窝"，是从江县翠里乡最早的瑶村，按家谱推算已有13代人，数百年历史。这里是翠里乡最高的瑶寨，海拔800米以上，雾罩天气居多，春冬季节比较寒冷，是从江县的高寒区之一，草药资源丰富。泡洗药浴，早已成为高华村瑶民的一种生活习惯。

"我是赵财现，我在这个地方生长下来，现在已经有30年了。"赵财现小的时候，家里没钱供他读书，这一直是他最大的遗憾。今天是赵财现的儿子1岁生日，他想隆重地给儿子过生日，希望儿子长大完成自己未了的心愿，学习更多的知识。赵财现表达心愿的方式，就是准备给儿子洗一次传统的瑶族药浴。

砍竹引水

一大早，赵财现和家人们开始了准备工作。

瑶族药浴，需要纯净的泉水。从大山深处的水源地到赵财现家，长达2公里。为了保证水的纯净，他们不采用人工取水，而是全程都用竹子架设水道，当地称之为"水枧"。瑶族兄弟们就地取材，砍伐了数丛楠竹，再将楠竹对剖，打掉竹节，首尾衔接，盘山而下，一直架到赵财现家的房屋前。

就这样，最纯净的山泉水从石涧间直接引到了家中，一路竹筒里清澈的水流，成为瑶寨最独特的风景线。

赵财现砍竹子的时候，村里的瑶医赵成富正前往悬崖找药。

瑶族药浴是瑶族祖先独创、族内独有、传内不传外的保健良方。由于瑶族没有自己的文字，瑶医药的传录方式全靠口耳相传、指药传授、指症传经，在本民族内部自成体系。一次药浴所用的草药，少则几种，多则上百种。瑶族药浴所用药物因地制宜，功能多种多样，常根据不同季节、不同对象及不同疾病，选择不同的药物配方。

通常新生婴儿和产后妇女多用温补消炎的草药，以预防感染、滋补气血、促进产妇

子宫修复。这种产后药浴被称为"月里药浴"，经此调养的妇女产后 10 天就能上山参加体力劳动。再如，老年人药浴多用活血温补之药，以促进机体新陈代谢，保持旺盛的生命力。

如今，高华村瑶民进行一次正式的瑶浴一般也要七八种中草药。村里的瑶医赵成富仔细地下到悬崖下，搜寻着心中的草药。"我在悬崖上，看到下面很高，感觉心慌、冒汗，就是害怕。我特意到县城买一根专业的绳索，套在悬崖上的大树兜，才慢慢踩着下去，有个地方落脚，就站在那里。"采药草时，赵成富带着镰刀和小锄头，大部分草药是采集枝叶，少部分是采集皮或根茎。

瑶族老人说："大自然是主，人是客。客主和睦，主好客好住，客主不和客就挨饿。靠山吃山莫伤其本，靠水吃水莫损其源。让水常绿，让山常青。"瑶民把采药称为"求药"，采药有瑶规。一年只准采一面山，来年再采另一面，每隔三五年才能再次在同一个地方采药；上山采药时，每采一枝一叶，都要放几颗米粒，意为公平"买卖"；煮剩下的药渣，不烧不抛洒不践踏，而是埋入山土，回归自然。正是这崇敬自然、善待自然的生态伦理观，才有了大山源源不断的草药供给，才有了瑶族药浴的千百年不息的传承。

傍晚时分，赵成富从山上下来了。"我下到悬崖，讨到 4 种药。"赵成富用瑶语念着这 4 种瑶药的药名。瑶浴药材的名字口口相传，因而只能用瑶

烧煮用于瑶浴的草药

语说出药材的名字。

瑶族妇女们开始在厨房忙碌起来。

瑶族药浴使用的工具十分考究，主要用燃柴灶，瑶族称为"大灶"，还有大锅一口，用于煮药浴水。木桶是最佳的洗浴工具，由红衫木制成，高1.3-1.4米，宽0.7-0.8米，桶底侧有放水的开关木塞，桶箍是竹篾制成。他们相信，只有木桶才能让药草的功效更好地进入人体。

草药的烧煮技术、洗浴时间及放入草药的先后顺序也是一门学问。先把配备好的各类草药洗净泥沙，清泉水注入大锅，再把草药先根后枝再到叶放入大锅，切不可顺序倒置。生火煎煮半个小时后，药草的香气开始散发，检查药水浓度合适后，舀入木桶。用手试试浴水温度，水温在40℃左右合适，太热则掺拌清凉药水。通常，瑶族药浴浸泡半小时左右，瑶浴的顺序遵循先客后主、先老后幼、先男后女的传统，体现了瑶民尊客敬老的优良传统和妇

女贤惠谦恭的良善美德。在一定程度上，瑶族药浴是瑶族维持和谐社会关系的一个纽带。在赵财现和他的乡亲们看来，瑶浴有仪式般的庄重与神圣。

一次传统的瑶族药浴开始了。赵财现的儿子被庄严地抱进浴桶，先是站着擦浴全身，接下来坐在桶底浸泡半小时左右。

"我们瑶族祖祖辈辈都在这个大山里面生长，老人家他们洗澡之后，觉得这个瑶浴好，我们都没去别的地方，都一直在这里，上千年的历史。都在这里住下来，这个瑶浴好。"赵财现说道。

他们相信，纯净而神圣的瑶族药浴，会使孩子消除灾病，健康成长。

小家伙兴奋地挥舞着双手，溅起了水花。

历经沧桑，苦涩回甜

——王泽邦凉茶

地点：香　港

技艺：国家级非物质文化遗产代表性项目　凉茶

人物：王健仪

香港的王泽邦凉茶铺

香港广东一带，地处中国大陆南部，属于亚热带气候，全年气温较高，炎热的夏季长达 7 个月之久。加上当地河流纵横，水汽上蒸，使得岭南一带炎热多湿，人们容易湿热生病。

"一方本草疗一方病"，岭南本地的草药大多凉性苦寒，于是，为解暑祛湿、疗养身体，一种清热解毒、去火除湿的凉茶应运而生。凉茶从东晋时期开始，就成为岭南文化的代表。时至今日，林立于广东、香港、澳门等地的凉茶铺比比皆是，形成了一道独特的岭南民俗风景线。

凉茶，是指由药性寒凉和消解内热的中草药煎成的汤剂，清降夏季暑气，平抑冬日燥气。凉茶的起源由来已久，相传东晋的葛洪在 20 多岁时来到岭南，正赶上瘟瘴流行，恶病多发，于是他悉心研究岭南各种良效药材，其中就包括各种凉茶的雏形，早期凉茶雏形的配方由此世代相传下来。

王泽邦被誉为"凉茶始祖"，他研制的王泽邦凉茶，创立于清道光八年（1828 年），至今已有 180 多年的历史。

王泽邦出生于清代嘉庆末年，祖籍广东鹤山，最初原本是朴实的农民，后来到广州谋生。相传 1828 年，广州城疫病蔓延，王泽邦偕同妻儿上山避疫。极具传奇色彩的是，王泽邦在途中巧遇一位自称"不语山人"的广西道士赠予凉茶药方，上面有 10 多种药材的名称，并告诉他此方可治疗疫病。下山后，王泽邦依照药方配药煮茶，煲出的凉茶甘洌可口，非常好喝。王泽邦将这种凉茶免费派发给当地患病的人服用，果然药到病除，王泽邦从此声名大振。

此后，王泽邦一边行医治病，一边售卖凉茶。王泽邦凉茶开始风靡岭南，民间流传着众多关于他的故事。相传林则徐广州禁烟时因操劳过度、水土不服而身患感冒，服下王泽邦熬制的凉茶后很快就药到病除。随后，林则徐还

用三花、三草、一叶熬制成的凉茶

特以一件刻有"王老吉"三字的铜壶相赠，以表达悬壶济世之意。

光绪九年（1883年），王泽邦去世，享年70岁，他享誉岭南的凉茶事业由3个儿子继续接力，并逐渐发展壮大。光绪二十三年（1897年），其子王贵发到香港开设店面，并向港英政府注册"王老吉"商标。1925年，其孙王恒裕被邀往英国伦敦温庇展览会展出凉茶包，让王老吉的声誉风靡海外。

从此，王泽邦凉茶相继在广州、江都、香港、澳门等地开设分店。如今，王泽邦的后人一支在香港发展，另一支留在广州，都以凉茶为业。世代苦心经营近200年的王泽邦凉茶，早已广为人知。

王健仪是香港人，今年70岁，是王泽邦第5代玄孙。出生在凉茶世家的王健仪，从小在凉茶店长大，"我住的房子下面是卖凉茶的，上面是住人的，我从小就学习怎么煲凉茶。"

她继承了祖上的衣钵，清晨，王健仪打开凉茶店的大门，开始熬制凉茶。

凉茶按不同功效大致分为四类：一是清热解毒茶，适合内热火气重的人，适宜在春、夏、秋三季饮用。二是解感茶，适合外感风热、四时感冒、流感等症，四季皆宜。三是清热润燥茶，适合口干、舌燥、咳嗽等症，适宜秋季饮用。四是清热化湿茶，适合湿热大、口气重、面色黄赤的人，适宜夏季饮用。

王泽邦凉茶由一杯普普通通的凉茶变得妇孺皆知，超高的知名度和经常爆发的疫情有密切关系。王健仪回忆说："每一代都遭遇一次疫情，每次疫情，都起到了很好的效果。香港非典那年，我们的凉茶卖到脱销。"

王泽邦凉茶是由三花、三草、一叶精心熬制而成。三花，是指鸡蛋花、菊花和金银花，三草是指仙草、夏枯草、甘草，而一叶则是布渣叶。这种凉茶配方并不复杂，却有着独特的秘诀：一是下药的顺序，二是火候的大小。

王健仪将仙草、鸡蛋花、布渣叶、菊花、金银花、夏枯草、甘草依次下入清水中，敞开锅熬煮。"我们王泽邦这个凉茶的秘方，最主要在控制火候上面，武火和文火的时间性，在整个流程上都很重要的。我们这么多代后人呢，秘方都是由上一代传到下一代，我们是一个口口相传的秘方来着。"

茶水煮沸后，再用小火煲煮一个小时。茶汤的颜色渐渐变深，一丝丝香气溢出来。一杯正宗的王泽邦凉茶，也就做好了。

除了液态的凉茶以外，王健仪还做固态的凉茶精。凉茶精，是王健仪的父亲王豫康在20世纪40年代末创新发明的。"因为我父亲跟日本人打仗，他为了凉茶可以保存，就发明了凉茶精。"

凉茶精的制作工序相对简单。王健仪把普洱茶的茶叶浸泡在已经熬制好的凉茶中，让茶叶充分吸收凉茶的药性，随后再把茶叶滤出，均匀地平摊在簸箕上，放置在凉茶店门口的通风处晒干。"让凉茶里的药性附着在茶叶上，喝的时候用水一冲即可，这就是凉茶精。"这种便于携带、即冲即饮的新品凉茶精一经面市，广受民众欢迎。

王健仪制作好的凉茶精

王健仪把凉茶精分袋装好。过几天，她要回广州去看亲戚，打算带的礼物就是凉茶精。

王天佐、王天佑兄弟，是王泽邦家族留在大陆的后人。抗战期间，他们祖辈经营的凉茶铺遭受到毁灭性打击。1938 年，日军侵略广州，位于广州靖远路的那家百年老店——王泽邦的第一家凉茶铺，被日军轰炸，夷为平地。凉茶铺被炸毁后，王泽邦留在广州的后人四散求生，经营了 110 年的王泽邦凉茶几近消亡。抗战结束后，他们历尽艰辛，终于在广州海珠路重建了凉茶铺，使王泽邦祖传的手艺得以继续在大陆流传。

听说大姐王健仪要回来，王天佐、王天佑兄弟俩一大早开始采鸡蛋花。鸡蛋花是制作凉茶必不可少的一味药材，别名缅栀子、蛋黄花等，是夹竹桃科鸡蛋花属植物，多栽植在庭院或草地，每年 5 月到 10 月间开花。

兄弟俩举着顶端绑有镰刀的竹竿，在密叶中割采。兄弟俩收获不少，随后开始熬制凉茶，等待着大姐的到来。

一大早，王健仪乘上了香港去往广州的直通车。"当年我爷爷来香港发展凉茶事业，当时没有凉茶铺，我们的凉茶店是第一家。"一开始，王健仪的几个兄弟姐妹都在做凉茶，但做着做着有的退出了。直到现在，只有王健仪在坚持做。

回乡的旅途总是让人追忆往昔。几经动荡时局，历经艰难岁月，王泽邦凉茶仍坚韧不衰，王健仪内心备感珍贵。

"大姐，你好！"王天佐、王天佑欣喜地迎接多年未见的姐姐。

"你好，姑婆！"王健仪在亲友的簇拥下迈进家门。

"我给你们带礼物了。""什么礼物？"

"凉茶。""多谢姑婆！"

团聚是快乐的，对这个历经沧桑的凉茶世家来说，生活有如凉茶的滋味，充满苦涩，回味甘甜。

靠天吃水 ——西北水窖

地点：甘　肃

技艺：干旱水窖制作技艺

人物：董德贵

黄土丘陵地带

中国大陆降雨量主要受夏季风的影响，从东南沿海登陆的夏季风，越往西北，影响越小，雨水也就越少。因此，在西北的很多地方，吃水甚至都是问题。

会宁县，是甘肃中部18个干旱县之一。这里地处陇西黄土丘陵沟壑区，是典型的温带大陆性气候，冬季干旱多风，夏季炎热，光照充足。会宁年均降雨量仅400毫米左右，蒸发量则平均在1800毫米以上。由于会宁降水集中且多暴雨，降水量偏少且时空分布不均，主要集中在7—9月，占年总降水量的58%以上，雨水供应与作物生长发育需水期严重错位，使得会宁和其他一些黄土高原雨养农业区农业生产及人畜饮水条件的改善受到了极大限制。

这一带的地下水资源也很少，绝大多数河流的水矿化度高，不能饮用。会宁先辈在这严苛的环境中，发明了一种干旱水窖，靠水窖把老天爷下的雨水收集储存起来，作为全家的饮水。

干旱水窖制作技术，是采取人工收集和高效利用雨水技术，实现人工控制调节雨水，达到提高降水利用效率的一种主动做法，祖祖辈辈沿用至今。

今年67岁的董德贵，从1983年就开始任东河村前山社支部书记。他的家地处黄土高原和青藏高原交接地带，这里常年干旱少雨，十年九旱。天上不下雨，就只好指望地下。可这里土质构造复杂，从地下打出来的水都是苦水，人畜不能饮用。眼下，东河村一共52户人，每家都挖了一口水窖，以此维持生计。

"外头的人要馍馍来，白面馍馍，能成，给你一斤掂上就行，你要水给不过，我把一碗油端上还换不下一碗水，你就是把一碗清油端上，你说换我的水，给不过。"董德贵讲的这一段话，清晰地解释了在当地水贵过油的现实。

传
承

董德贵寻找水窖的位置　　　　　　　　　　　　和老搭档一起挖窖

前不久，董德贵发现自家的水窖几乎存不住水了，他不得不赶快打一口新水窖。打一口水窖并不是小工程，至少需要 3—5 个人，干上 10 天左右。

董德贵找来两位老搭档，请他们帮忙。

水窖挖掘首先得选址。选址的过程实际上就是对集流场面积、集流面材料的确定过程。在会宁及其黄土高原其他地区，用于解决人畜饮水用的水窖一般建在庭院或者村庄附近，其集流面一般以庭院、屋面、场为主；用于发展高效节水灌溉或者对作物进行补灌的水窖的集流场一般应优先考虑现有公路、乡村道路、闲散地及荒山荒面。

打水窖最怕找错地方。董德贵说："找了几天了，都找不到。咱就看那边怎么样，就在那个位置，那个位置可能差不多。"

3 人向远处走去。无奈这片区域就这座山好，可惜就是放不上水，他们决定再去别的地方找找。"选窖地点是从这个大路上，发了暴雨，水到这里，这个位置才好，才能挖这个窖。这里就可以！"

终于，董德贵找到了能够收集雨水的窖址。接下来，水窖的制作方法大体经历三道工序。

第一道工序是挖窖。

董德贵要挖的水窖分为两个部分。上部像一个倒立的水缸，一边往下挖一边不断扩张。这个倒立的水缸不是用来装水，它是为了增加水窖的深度，使水窖里的水冬天不冻、夏天不热。水窖的下部，与上部正好相反，它像一个正立的水缸，一边往下挖一边收缩，构成干旱水窖的蓄水部分。

挖旱窖时，一人由窖口下挖扔土，进入内部时一人窖内扔土，二人在窖口转土。挖水窖时便栽上木架，安装辘轳，采用摇辘轳的方法把土提上来。

时间一天天过去，水窖越挖越深。"慢慢地，慢慢地！"董德贵提醒着两位老搭档。村里的老人都知道，挖口水窖最大的危险就是塌方。干旱水窖

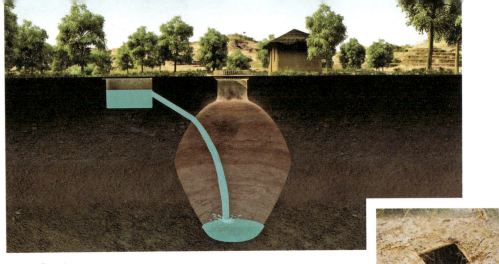

球形窖蓄水原理

也被称为球形窖，窖口和窖底小，中间大，水窖的重心一旦偏离，受力不均，就会导致塌方。董德贵他们用一种老方法测量水窖的等长半径，目的是使圆周一致，受力均匀。

"中间吗？""你稍微挪一下。"

"圆着吗？往哪一边？""往右。"

"这边，咋样了？""好了。"

"好了吗？""好了。"

挖水窖完全是技术活，除了掌握好窖形比例，还要挖好玛眼。窖壁上一个个深眼，被叫作玛眼。董德贵说："十指，斜着、竖着，就像婆娘纳鞋底的一样。斜着一行，竖着一行。"玛眼口小里大，呈品字形，看似密密层层，实际上横行错开，纵行对齐，错落有致。通常是边挖水窖边挖玛眼，一次性完成。

第七天头上，水窖的外形已经挖好。在挖窖的同时，需用水饮窖，即将水洒在窖壁，并将玛眼灌满。如此持续三五日，待水将窖壁渗透后就动手开始第二道工序。

第二道工序是泥窖。

水窖的水源，是从山上流下来的雨水。然而，雨水中混杂着杂草、牛粪、羊粪，必须有一种材料，能够吸收水中杂味，净化水质。在水窖挖到3米的时候，董德贵3人暂停了挖窖，去山上寻找这种重要材料——红土。

红土是黄土高原特有的一种土状堆积物，大约形成于距今6500万年的古近纪晚期，经过一系列复杂的物理和化学风化作用而形成。红土质地坚硬、孔隙多而小、渗透性差，把它固定在水窖的蓄水部分，可以起到净化水和防止水渗透的作用。

历经数日辗转，3 人终于找到了红土。挖一口窖的红土就得 40 担，满满的 40 担。董德贵 3 人担着红土，走了 2 公里，回到家中，这时已经下午 4 点。

董德贵想赶在天黑之前浸泡红土，红土需要敲打成粉末状，浸泡一夜，去除烈性，才可以使用。3 人顾不上休息，马上开始敲打坚硬的红土。

玛眼

"拿来以后是先晒，一般的泡上一天一夜就行了。泡的时候黄土就要兑上，兑上到打开的时间，一打以后，这么一捻，如果是黄土太少，口口就开了，这就不行，加这个黄土，黄土你再加上，你再一打，它就裂不开口口了，比例就差不多了。"

董德贵拿捏着红土和黄土的比例，坚硬的红土经过敲打、晾晒之后，一块块揉成两头尖的柱状，像一颗颗钉子。

等到晒好红土，接下来就是将红土固定在窖壁上，董德贵采用了镶嵌原理。他们将泥钉蘸上胡麻水，之后镶嵌在玛眼里。胡麻水具有很大的粘性，起到连接的作用。露出玛眼的泥钉部分，用拳头和木槌反复锤

红泥覆盖

打，使红泥互相连成一片，直到整个蓄水部分的水窖被红泥覆盖。

最后一道工序是夯底。

水窖的夯底是整个工程的关键，要将和好的红泥铺均，每天夯打一次，直到打干坚硬，不再渗水为止。建好的新窖不能长时间干着，干久了容易裂缝渗水。干旱水窖打成之后，可以装水了，有了水，无论是人畜饮用，还是种植生产，生活都有了可靠的保障。

董德贵说："老天爷，多下几场雨，我们东河村老百姓的日子就好过些了。"

第*4*章

火 文明与智慧的象征

　　火，文明与智慧的象征，无论是中国的燧人氏还是西方神话中的普罗米修斯，人造火种的到来，开启了人类文明的进程。钻木取火，让人类第一次掌握了获取火种的技术，这种千年不变的技术至今在中国大地传承不息。

　　取得火种以后，我们的祖先，开始刀耕火种的时代，无论是烧荒、烧碱，还是烧窑制作陶器、瓷器，铸造金属，从人类开始使用火的那一天起，控制火候的大小，不仅在生存空间是一项必备技术，更在生活领域让发明创造成为可能，呈现出独特的艺术形式。比如，中国人依靠对火候的精准掌握，在景德镇开启了一个上千年依靠单一产业维持生计的人类历史上的传奇。

　　随着文明的进步，火，已经不再是仅用来取暖照明，满足生活生产所需，火又有了新的娱乐功能，今天我们如何看待火焰？无数个视角背后，总有许多是来自千年不变的文化传承。

　　从五指山中的钻木取火到大漠深处用火烧碱，从千年窑火不熄的景德镇到台湾平溪升起的千盏祈福天灯，再到佛前一盏灯，火是生命与智慧，在传承人的手中，经久不息。

用纯净的火繁衍生息

——钻木取火

地点：海　南

技艺：国家级非物质文化遗产代表性项目　黎族钻木取火

人物：王照方　国家级非物质文化遗产黎族钻木取火国家级代表性传承人

正在制作的竹箭　　　　　　　　　　　　村民们在山上围剿野猪

海南岛，中国第二大岛，浩淼南海上一颗熠熠生辉的珍珠。

在这里，保亭、昌江、东方等黎族聚居地区，至今还保留着钻木取火的古老技艺。界村，位于海南岛保亭黎族苗族自治县的东北部，是五指山脉深山中一个只有三十几户人家的小村庄。1000多年前，黎族先民就来到海南岛的大山深处，居住下来，捕鱼狩猎，繁衍生息。他们祖祖辈辈生活在此，以种植水稻为生，至今还保留了男耕女织的传统生活习俗。

金秋9月，界村即将迎来今年第二季水稻的成熟，然而躲在山里的野猪，也开始蠢蠢欲动，经常从近处的山林下来祸害水稻，已经到了必须要围剿它们的时候。界村的几位黎族兄弟，他们继承了先民打鱼狩猎的生存技能，相约上山围剿野猪。

工欲善其事，必先利其器。他们在丛林中就地取材，砍伐数根细长挺直的竹子，一截截细竹棍的前端修削成尖峰，尾部插置竹叶折成羽翼。不一会儿，射猎所用的工具——竹箭，便制作完成了，可谓技法纯熟。随后，他们在林中耐心地潜伏下来，等待野猪的出现。顷刻间，一阵窸窣声响，几番围攻追捕，数箭离弦，弓不虚发，一头深褐毛色的野猪应声而倒。这几兄弟麻利地把野猪四脚朝天，捆在竹竿上，担着下山。

黎族俗语说："上山打猎，见者有份。"他们准备在山脚下稻田附近的竹林里烧烤猎物，享用美味。那如何在野外生起一堆火呢？

打猎的队伍中一位叫王照方的男子，是国家级的黎族钻木取火代表性传承人。他掌握了一门春秋战国以前就发明的古老技艺——钻木取火，虽然今天大家都用上了打火机，钻木取火的方法显得十分费力，但在他看来，这样

传
承

的火才纯净！

火，是文明与智慧的象征。千百年来，钻木取火究竟是谁发明的，根本无从查考。但从掌握了火种的那一刻起，人类走向文明。在文献记载方面有着悠久历史的中国，从天然火到人工取火，究竟是怎样演变的，却没有任何一项考古活动或文献资料能确凿地证明，只是保留了燧人氏钻木取火的传说。例如《韩非子·五蠹》记载："上古之世，……民食果蓏蚌蛤，腥臊恶臭，而伤害腹胃，民多疾病。有圣人作，钻燧取火以化腥臊，而民悦，使王天下，号曰燧人氏。"原始社会初期，人类以狩猎为生，生吞活剥，茹毛饮血，艰难繁息。像鱼、鳖、蚌、蛤一类生的东西有腥臊之味，吃了多生疾病，而当燧人氏因观察鸟喙钻树发明了钻木取火的方法之后，生的东西便可以通过火烧煮熟来吃。

黎族人民也有类似的故事。相传黎族山民的祖先，很早以前就居住在五指山脉的深山老林里面，交通非常闭塞，一开始他们也都是吃生的东西，生活方式十分原始。后来当他们看到打雷闪电后山林起火；啄木鸟用喙啄树干而产生了火星。于是深受大自然的启发，黎族先民发明了钻木取火，便运用到生活、生产中。形成了黎族一门古老的技艺，这种千年不变的技艺在海南黎族山区世世代代传承不息，成为了这里特殊的文化传统。

一路笑语，这几位黎族兄弟在山脚竹林的一片阴凉处忙活起来。

用火烧煮生肉

　　取火前，王照方开始准备工具。黎族的钻木取火技术具有鲜明的地域特色，其工具由三种物件组成：一是钻竿，也称钻木、钻头。是由干燥的硬木制成，具有相当好的硬度，有一定的重量，表面光滑，下端呈圆锥形状，像一支笔似的，长度为50-60厘米，直径5-7厘米。二是钻火板，也称钻木板、垫木。是由干燥易燃的比较松软的木质制成，一般长30-40厘米，宽7-10厘米，厚3-5厘米。五指山区遍地野生着名叫山麻木的植物，折取削成扁平状木板，再在该板的一侧挖若干浅浅的凹穴，凹穴旁刻上一条流灰的缺槽。三是引火物，可用木棉絮、芯绒或芭蕉根纤维等易于燃烧的碎屑。三者的有机配合，才能取出火来。

　　而能否成功在野外人工取火，最重要的还得看钻木技术是否到家。王照方谈到，取火有一定的技巧，并非靠蛮力能够取出火来。曾经在海南省非物质文化遗产展的现场，有来自海南省体校的4名学生自告奋勇上前挑战他。4人轮番上阵，试图尝试"手钻法"钻木取火，最终累得满头大汗，手掌起泡，也不见木屑燃起火来。可见，钻木取火的本事真的不是轻易就能模仿学会，技巧非常关键！

传
承

钻木取火步骤

　　笑语渐歇，王照方在兄弟们的配合下开始专心地取火。

　　黎族古老的钻木取火技术，主要经由四个步骤。第一步，王照方把钻火板放置在硬地上，也可放置在石板或某种工具上。要求平稳，不能摇晃，否则会影响取火效果。第二步，他将钻竿随意地插在钻火板的一个凹穴内，并将引火物放置在缺槽下，以盛接即将降落的火星。第三步，也是最考验技术的关键一步，王照方用双手掌挟住钻竿，反复搓动。他说，一般是先自上而下，又从下而上搓动，在交替时必须用嘴或下颌扶持钻竿的顶端，以免钻竿滑离凹穴。这是运用摩擦生热的原理，使机械能转化为热能。30秒左右开始冒烟，1分钟以后溅出了火星。火星沿槽落下，渐渐点燃引火物。当引火物冒烟时，他又迅速拾起吹风，以输送氧气入孔穴，同时又加入了些椰绒、棉绒等助燃。第四步，当有烟持续升起时，王照方说这就代表着已经有火了，把这些燃着的引火物放在事先准备好的干茅草里，顺口一吹。

　　瞬间，一簇火焰冉冉升起！

村中种植着大面积的椰子、槟榔、橡胶树

等待王照方他们的，是一顿纯净、自然的美味。

据王照方介绍，在海南除了这种众所周知最原始的"手钻法"外，黎族人民还在艰苦的生产、生活中钻研出技术含量更高的、更先进的取火方法，叫做"弓钻法"和"绳钻法"。同样是摩擦生热原理，用绳或绳弓缠绕钻棒来旋转取火。我们不由得赞叹黎族先民的智慧和勤劳！

望着金黄稻田间村落，王照方长长地透了口气："我们是人多地少，一个人分到六分三地，够吃，还有点存粮。我主要是种椰子、槟榔、橡胶。"种椰子和槟榔，是王照方家的主要经济收入来源。但为了保护五指山脉的森林资源，王照方也不想再扩大种植面积了。

现在，年过中旬的他，最大的心愿就是把黎族的钻木取火发扬光大。钻火板、钻竿、绳弓……这些就地取材、随手制作的工具，或许，终有一天将成为博物馆中玻璃窗后一件件被展示的文物。透过王照方坚定的眼神，人们仿佛可以看到黎族人民传承和发扬黎族古老钻木取火技艺的决心！因为在黎族人眼里，"火是父母，火是生命，火是我们的太阳"！

碧绿似翡翠的土碱
——碱蒿子

地点：新　疆

技艺：国家级非物质文化遗产代表性项目　碱蒿子烧制土碱技艺

人物：田希云　　国家级非物质文化遗产碱蒿子烧制土碱技艺国家级代表性传承人

野生草本植物碱蒿子

新疆，中国的西北大漠深处，距离这里最近的出海口都在上千公里之外。

这里至今仍还遗留着野外用火燃烧获取食用品的独特方法。新疆五家渠新湖，它的另外一个名字是农六师新湖农场，这里距离乌鲁木齐145公里，地处欧亚大陆的中心地带，气候干旱。新湖农场的农民，普遍喜欢吃面食，他们掌握的这项用火燃烧获取食品的手艺，就与做面食有关。让人感到奇怪的是，当地传统制作面食，所用不是市面上买来的碱面，而是本地烧制的土碱，这其中有怎样的玄机呢？

原来，这里的盐碱地含碱量大，生长着一种野生植物碱蒿子。碱蒿子根系吸收的水分盐碱浓度很高，经过光合蒸腾，盐碱留在枝叶和果实中，使得里面富含大量的碱。智慧的祖先们发现了其中的秘密，发明出一种烧制的方法，从碱蒿子中提取纯天然土碱。

碱蒿子是一种野生草本植物，靠草籽传播，年复一年生长，冬天到了就枯萎腐烂到地里，第二年再重新生长，在中国各地都可以见到它的身影。这种不断再生的资源，曾一度保证了这一带的食用碱的供应。用碱蒿子烧制出的土碱，含有大量的碳酸钠，加上具有独特的植物成分，做出来的面食别有一番风味。

今年64岁的田希云，是国家级的碱蒿子烧碱传承继承人。在每年碱蒿子成熟的季节，田希云都会去野外烧碱，烧一次，可以用一年。

烧碱是一项辛苦而富有创造性的工作。烧碱的第一道程序是选择适合挖窑的方位。田希云在碱蒿子生长茂盛的地方，选择了一个地势高、土质较密

传承人田希云

的地方，开始挖烧碱的火窑。先挖一坑，坑地挑上横竖交错的地槽以保证空气在窑内顺畅地流通。窑的位置选好之后，接下来要选择灶门的方向。火窑的灶门也很有讲究，一般来说，他们会按照老规矩来，秋天烧碱，灶门朝东。

这一带独特的地形地貌，导致秋天时间，刮东风时间多，刮西风时间少。因此，他们常说"有风没风，灶门朝东"，这是经常烧碱的人才懂得的独特规律。

烧碱用的火窑体积并不算大，上口直径80厘米，下口直径90厘米，高100厘米。不要小看这样一个火窑，它所烧出来的碱面，足够田希云一家一年做面食所需。

土窑的核心技术在于良好的通风系统，一旦窑不弄好，烧到半道，窑不通风，整个烧制过程就宣告失败。窑挖好之后，接下来就进入关键的烧碱环节。

烧碱用的火窑内部

采集最茂盛的碱蒿子，放入火窑中，凭借自然火势，实现奇妙的烧碱环节。

火候是至关重要的技术，火的控制非常讲究，一旦火候控制不好，碱蒿子就会被烧成一堆黄灰。除了火候，时间也很关键，烧碱的全过程大约要24个小时，一旦点火，中间不能停火，这项跨越昼夜的工作，并不轻松。

田希云用自然风来控制火。秋天的东风吹进火道，在窑底的十字火道槽内盘旋而上。火势会随着这些陶瓷瓦片形成的风道串通起来。覆盖在沟槽上的瓦片，可以避免烧碱蒿子的灰阻塞通风口。

烧碱是田希云从小就接触的工作，儿时的他曾多次跟在父辈身后，等大人们把窑挖好之后跑去搂蒿子，这段经历成为了他人生中难忘的回忆。由于

用土碱做的面食

烧碱时间长达20多个小时，有时大人休息了，还是小孩子的田希云和伙伴们也有机会亲自烧一烧。十几岁时的时候，田希云已经基本掌握了挖窑、看风向、烧碱等一整套程序。

土碱是打开昨日回忆的一扇门。烧碱伴随着他们儿时的成长，曾经有一段时间，每到七八月份碱蒿子成熟的季节，烧制土碱的人汇聚在戈壁滩上，忙忙碌碌，中间说说笑笑，人与人之间在劳动的过程中真诚地交流。累了的时候，几家人凑在一起吃烧碱制作的灰面。在生活条件较差的时代，白面还不能每天都吃得到，逢年过节和客人来访的时候，灰面才有机会上桌。根据当地的气候条件，10月份霜冻之前，就要完成烧碱工作，把一年所需的土碱存在家里，等待着来年碱蒿子的再一次成熟。

土碱的背后，是一代代人对民俗生活的难忘记忆，每逢红白喜事，吃土

碱发起来的灰面都是一道重要工序，甚至当时新娘子的嫁妆里，一大包土碱也是必备物品。新娘子到了婆家，开启新生活，往往第一餐就是做灰面。除了做灰面，土碱还曾是女孩子洗头发用的清洁剂，土碱还能洗衣服、洗手、去油污，碱的这项功能直到今天还在生活中随处可见。

用碱蒿子烧碱的技术，至少已历经五六代人，200多年的历史。田希云的祖先，是从中原陕西迁徙到新疆大漠深处定居的，他们一边戍边一边生产，在这里种植小麦，吃面食，为了解决发面的土碱问题，他们就地取材，烧炼碱蒿子，获取土碱。

故土难离，故乡的味道才是永恒的味道。尽管生存环境变了，但是饮食习惯却无法改变，这些或许是对故乡最好的怀念。田希云每年都烧一次碱蒿子。每年烧起的这团火焰，在田希云看来，都是向祖先致敬的仪式。我们都从哪里来？我们的生活向哪里去？这些问题是在剧烈变革的当代，我们所要面临的挑战。无论生活怎么变，有了这火焰一年又一年的生生不息，在炙热的气浪中，人们也对未来有了更多的沉静与坦然。

经过一整天的火焰淬炼，碱窑里的碱蒿子凝结成墨绿色的土碱。碱蒿子烧成的土碱如同碧绿的翡翠，保留了碱蒿子特有的绿色，看上去十分诱人，这里面含有大量的碳酸钠。300 公斤的碱蒿子，烧制出 10 公斤的土碱，也就是说出碱率大约在 3%，一整天烧下来，这样的一窑差不多能烧出百十公斤碱，几乎要烧掉整整 3 吨的碱蒿子，这在大漠深处少有绿色植被的环境里，无疑会对生态形成一定的压力。

这些从植物中烧制出来的纯天然土碱，敲碎、化水、过滤后加到面里，做出的面食口感更好、更劲道，也容易消化。然而传统的烧碱工艺面临着来自工业化生产的巨大挑战，即使在饮食领域，烧制土碱也几乎已经被大规模工业生产的食用碱所代替。为了保护这份祖先传下来的手艺，田希云也曾经

田希云在野外烧碱蒿子

想过大规模人工种植碱蒿子，烧炼土碱，虽然是真正天然环保的食用品，但是成本太高，无法与大规模工业生产的食用碱竞争。

2008 年 6 月 7 日，土碱烧制经国务院批准列入第二批国家级非物质文化遗产名录。这份传承了上百年的手艺，在田希云这里仍将会不断地传承下去。

田希云的儿子也在学习烧碱，附近的一些年轻人也开始重视这项独特的技艺，面对他们想要学习的愿望，田希云的回答质朴而真诚，他说："谁学我都教，烧碱吃面、吃馍馍都方便。"

有了越来越多年轻人的参与，每年秋季戈壁滩上的那团彻夜不息的火苗，一定还会继续升起。

从窑里挖出墨绿色的土碱

千年不断的窑火
——景德镇瓷窑

地点：江　西

技艺：国家级非物质文化遗产代表性项目　景德镇传统瓷窑烧造技艺

人物：胡家旺　国家级非物质文化遗产景德镇传统瓷窑烧造技艺国家级代表性传承人

景德镇窑厂

景德镇，坐落在江西东北部的历史文化名城。

在中国，从来没有一个城市能像景德镇一样，可以依靠单一产业维持生存上千年而不曾中断。这其中，千年未断的窑火是重要的原因。景德镇传统制瓷包括柴窑烧成和手工成型两种技艺，即"烧""做"两大行。清代督陶官唐英说过一句话："瓷器之成，窑火是赖。"窑炉就是瓷器的子宫，没有窑炉，瓷器无从出生。

在这里，柴窑工作有八个脚位，也就是八个等级。上三脚是架表、驮坯和把桩，下三脚是一伏半、二伏半、三伏半，中间有小伙手和收兜脚。其中，把桩师傅是柴窑烧成团队的核心人物，就像一支部队的元帅一样。何为把桩师？在瓷器行里，掌握火候的人被称为把桩师，主要负责全窑的满窑、烧窑以及开窑的完整过程。瓷器好不好，三分靠制作，七分靠火烧，柴窑里的火对瓷器生产至关重要。作为烧窑总指挥，把桩师傅可以让老板发财，也能让窑厂倒闭。

今年71岁的胡家旺，被人叫作"景德镇最后一位把桩师傅"，是景德镇传统瓷窑烧造技艺代表性传承人。祖籍江西省南昌市的他，当过干部，也当过兵，转业到了景德镇，从事烧窑制作至今。近日，胡家旺接到了一个任务，要在复建的已有600年历史的明代官窑葫芦窑，烧一窑精品艺术陶瓷，时间是24小时。不仅任务重大、时间紧迫，更让胡家旺着急的是景德镇大多数的

600 年历史的明代官窑 —— 葫芦窑

窑已经不再使用柴火，而是改为电烧或气烧，烧过柴窑的人越来越少。为此，他千方百计请来了曾和自己一起烧过柴窑的老伙计，共同完成这一历史性的任务。

胡家旺说，瓷窑烧造通常分为一码、二烧、三熄火这三关工序。葫芦窑这批陶瓷能否烧成，每一关都至关重要。一码，是指把桩师傅需根据这一窑所需生产的品种，各品种所需要的温度，产品的大小和数量的多少，再结合该窑的容积，来合理地安排窑位。

"老许，把这个放到那边去，左边不要了。来一个，不要多。来一个就够了，不来一个都不来。"

"三个粉青，三个青花。"

"脚下全部放窑变。"

……

6 个小时之后，窑工们在胡家旺的指挥下完成了码窑。青花、釉里红等2000 多件不同的坯胎，被陆续放置在葫芦窑的不同位置，以保证陶瓷能在整个窑里烧制过程当中，能够达到它所需要的温度和气氛。不同的窑位，有着不同的温度，烧制出来的釉色也便千差万别。由此可见，装窑是一个特别细致的过程，依靠的是把桩师傅对窑内热度的精准把握。

景德镇千年窑火不熄的历史中，有这样一位传奇的把桩师傅。明代万历年间，景德镇御窑厂奉旨要烧造一批青花大龙缸。这种器件烧制难度很大，久烧不成。把桩师傅童宾万般无奈之下纵身跳入窑内，以骨作薪，赴火而亡。

几天后开窑一看，大龙缸居然烧造成功了。后来，朝廷就在御窑厂的东侧修建了"佑陶灵祠"，为童宾立祠，并敕封童宾为"风火仙师"。从此，祭祀风火仙师，成为景德镇历代窑工们的特殊传统。

这一次，胡家旺也不例外，他在风火先师庙前取下专为烧窑而准备的火种，并虔诚地向其敬上一炷香。下午两点，复建的600多年前的明代官窑葫芦窑，再一次被点燃！

二烧，便是指在烧制过程当中，根据产品所需要的温度和气氛，合理地使用燃料，掌控投柴的数量和方法。12个小时不间断的火焰，要烧掉大约10万斤木柴。这些柴火用的是当地人工种植的松木，含油量大，燃烧值高。一葫芦窑的瓷器，总价高达数百万人民币。如果窑烧得不好，火候不对，里面的瓷器就会报废。而能否把陶瓷坯胎烧制成精美的艺术品，关键就要仰仗把桩师傅。

"把桩就是要文武双全。"胡家旺说。一方面，要有体力，能把几十斤的东西举起来，并把它们轻轻地码好，这就叫武功。另一方面，得有眼力和判断力，这是文功夫。柴窑内部各处的温度各有差异，前部的温度达到1300℃时，后部才1000℃。十几位师傅，根据把桩师傅胡家旺的口令，严格分工，掌握好烧窑的快慢，控制好窑内的温度变化。

传统的葫芦窑没有温度计等测温设备，胡家旺判断温度，全靠一双火眼金睛。那他又是怎么来判断的呢？一种就是根据在烧成过程当中，观察火焰的变化，然后判断它的温度。随着温度的升高，火焰就会逐渐发白。完全燃

码窑　　　　　　　　　　　　　　　　　　　点燃窑火开始烧窑

胡家旺通过看火焰变化判断温度

观察"照子"

烧时，火焰的颜色呈白色。接着，他上窑顶观察。窑顶是神圣的地方，只有胡家旺观察温度时才可以上去。他朝窑里吐唾沫，因为唾沫在高温情况下，会根据窑温产生不同的变化，这也是古代人最原始而有效的一种测温方法。除此之外，还有一种方法，就是试照子。在码窑的时候将很多试片，放到窑里不同的位置，根据烧制的不同阶段，依次取出来淬火观察。这种办法对温度的判断更加准确。

胡家旺边观察"照子"边说："你看现在这是前面的，这个温度已经到了，最后面的最角下的这个温度还差一点，大概已经到了八成。"由此，胡家旺决定调整前后的温差，给前面降温，让后面升温。12 个小时之后，胡家旺把握火候，决定熄火。

三熄火，是指在适宜的时候熄火。"在三熄火的过程当中，要时刻观察前灶的温度，就是投柴口的温度。这个温度有多高、有多低，最后面的温度有多高、有多低，中间的温度达到什么程度。"胡家旺说。熄火之前，他又出人意料地指挥投入湿柴。湿柴的加入，在降低灶前温度的同时，将含有湿气的火力吸到窑后面爆燃，提高窑后的温度。接下来，停止投柴，让窑内自然降温。熄火之后到出窑，又要等待 6 个小时。

传承

瓷器出窑

这一窑，胡家旺又烧成了！

一码二烧三熄火，概括了柴窑技艺的三个步骤，码匣满窑、投柴烧炼和适时熄火。在胡家旺看来，柴窑烧出来的陶瓷丰厚，胎骨通透，釉质有玉质感，就像是慢慢煮上去的。瓷都景德镇，千年窑火不熄，靠的正是一代又一代把桩师傅对火的精准把握。

在古代，景德镇上只有来自都昌县和鄱阳县的人能烧窑，且要为冯、余、江、曹四大姓的人。否则，连窑厂都不能进。然而，在现代陶瓷工业发达的今天，景德镇引以为豪的古老烧制技艺正濒临消亡。

"那些本该代代传承的人，多数中途放弃了，否则这事轮不到我去做。"正是这时，并非四大家族的胡家旺，成为了景德镇资历最老的把桩师傅。从宋代龙窑、元代的馒头窑，到明代的葫芦窑、清代的镇窑……胡家旺接触到景德镇1000多年来的所有传统窑炉。从学徒到把桩师傅，每一次烧窑，对他来说都是一次享受。"我赶上这个时期，这门手艺得到进一步发展，我的祖祖辈辈，就是我的上一辈，上一辈的师傅，他们不能做到的东西，我能够有机会做到。"

对于把桩技艺的传承，胡家旺仍觉遗憾："过去天天烧窑，一年能烧100多个。现在，窑少了，出'把桩'就更难了。而且，现在的柴窑都是小窑，大窑不烧的话，有的技艺不会用到，有的工种就失传了，把桩就无法修炼成熟。"

或许有一天，传统意义上的把桩师傅只会活在人们的传说里，像神话一样封存在历史中。而代代把桩师傅的坚守和座座古窑的挺立，必将铭记于世。

仰望夜空，祈福赏灯
——台湾平溪天灯

地点：台　湾

技艺：台湾平溪天灯制作技艺

人物：胡民树

台湾平溪十分小镇　　　　　放天灯

台湾平溪十分小镇，一座因"平溪天灯"而闻名中外的古镇。

早期还没有平溪这个地名，此地名为十分寮。这里位于基隆河上游，处于翠绿山峦环抱之中，湍急的河水流经此地时，受一处平缓溪谷的影响，流速变得缓慢，因此得名为"平溪"。平溪多河流和瀑布，森林密布，是全台湾水土森林保持得最好的地方。

20世纪五六十年代，当地的经济支柱是煤矿，被称为台湾黑金的故乡，然而随着社会的发展，70年代后煤炭产业盛极而衰。如今，平溪天灯的传统制作技艺和施放活动等民俗文化资源，结合当地人文、自然景观，衍生发展为独具地域特色的文化产业和旅游体验活动。就这样，从此前的能源产业到今天的文化旅游，平溪走出了一条传奇的新生之路！运煤的小火车成为了观光客的交通工具，火车线路甚至可以穿过民宅和菜市场，这让旅行的过程变得殊为有趣。

在台湾，每年农历正月十五元宵节民俗活动中，除了灯会、猜谜外，最负盛名的当属"北天灯，南蜂炮，中蹦龙，东炸寒单"。"北天灯"指的就是平溪十分小镇已有百余年历史的放天灯活动。

天灯，又叫孔明灯，相传为三国时期的诸葛亮发明。当时诸葛亮被司马懿围困在四川平乐古镇，此镇为军事要地，但无法派兵出城求救。他精通八卦之数，算准风向，创造出会漂浮的纸灯笼，系上求救讯息，传送给军友，其后果然脱险。最初用于传递军事信息的这种灯笼，就被称为孔明灯。因此，

在天灯上写上祝福和心愿

曾有人总结说，孔明灯就是现代热气球的祖先。

平溪小镇，自古就有放天灯的习俗。这要追溯到清代道光年间，平溪居民的祖先从福建的惠安、安溪移民过来，沿着基隆河上游来到平溪，经过辛勤的开垦使当地成为富足的村落。然而，平静的农耕生活并没有持续太久，因山区交通不便，政府无力管辖，这里成为匪盗的觊觎之地。村民们不堪匪盗作乱，为了保存性命和财产，每年冬至过后就收拾家当避难山中，一直到元宵才派人回村察看。确定匪盗离开、危机解除之后，就在夜间施放天灯作为报平安的信号，告知亲人乡里可以下山回家了。

平溪放天灯的习俗就由此而来。"天灯"的发音与台语"添丁"相似，有祈求多子的寓意，在天灯上写下祝福和心愿并放飞天空，是过春节、讨吉利的一种方式。后来逐渐演变成整个台湾地区元宵节的重要民俗活动，还曾被海外媒体誉为"一生中不能错过的国际嘉年华"。

胡民树，是台湾平溪十分小镇的天灯大师，今年60岁了。胡姓是平溪的第一大姓，他们整个村庄都姓胡。胡民树从8岁就开始制作天灯，回忆当年的经历时，他曾说："当年，在我们家的对面有一个杂货店。杂货店里有一

天灯制作师傅胡民树

胡民树女儿帮忙制作大天灯

个老先生，他每年都制作天灯。我是偷学的，也不是他真正教我的。"从那时起，胡民树至今做灯已经整整52年了。

元宵节这一天，胡民树很早就起床了，他要带领徒弟们在这一天制作出500个天灯，以供应游客晚上燃放。

平溪天灯的制作工序并不复杂，但却相当讲究。天灯的结构可分为支架与主体两个部分，底部的支架是选用竹条围成圆圈，再用铁丝交错于圆圈中心，并预留一小段铁丝，以便安装灯火。天灯的主体大都以纸糊成，通常将4张长约4尺、宽3.6尺的皮纸裁剪好形状，粘贴好，在竹框圆圈四周粘住。就这样，一盏天灯就制作完成了！

平溪天灯较之它者，有两个特别之处。一般天灯是圆形或长方形的，而平溪天灯是上大下小的特殊外形。可别小看这天灯，它的外形特色可是已经申请了外观专利呢。此外，平溪天灯最特别的当属它的火源。与别处使用蜡烛或酒精棉为燃料不同，它使用的是独特的一打浸过煤油的经书。那泛黄粗糙的印着金色的经文，点着红色的圆点，顺势推开呈莲花状，让平溪天灯更具浓厚的古韵。

"现在我的女儿有这个兴趣，接这个衣钵。"胡民树欣慰地谈到自己的女儿。女儿对平溪天灯的制作方法，对施放方式，都非常感兴趣。每年，胡民树在制作大天灯的时候，女儿都会帮着他做。

十分车站

　　"我在我爸这边学到这些东西，这些手艺。我希望在我接手之后，可以把它发扬光大，继续传承下去。"女儿一边制作熊猫天灯，一边言说着对传承平溪天灯制作技艺的点滴规划和炽热情怀。

　　胡民树制作的熊猫天灯深受台湾民众的喜爱。他说："熊猫，我们很有信心在元宵节当天，应该可以飞得很漂亮！"

　　每到下午时分，一列小火车缓缓进入台铁平溪线最大的车站——十分站，人潮开始络绎不绝地聚集于此。待天色渐暗，这座平日里清静闲适的小山城，便沸腾起来。

　　夜色渐浓，人们陆续到指定的十分镇老街广场上集结，准备着施放天灯。天灯的施放需要一定的技巧，两人配合为佳，一人抓住天灯上方四角，将天灯撑起，防止灯罩被火烧坏，另一个人负责在下方点火。将灯油点燃后，灯内的火经过一段时间的燃烧产生热空气，由于热胀冷缩，热空气密度小于周围的空气密度，加之灯的体积较大，其所受的浮力大于重力，因此天灯会上浮。待天灯获得足够的热气浮力后，抓住天灯四脚的人方可放手，便可见冉冉升起的天灯。

　　元宵节的晚上赏灯，是海峡两岸同胞共同的习俗，人们都在这一天，用

元宵节放天灯

施放天灯的方式，表达对美好生活的期盼。天灯本是报平安、祈福，为了满足不同人的需求，渐渐演变出了许多不同颜色的天灯，也有了不同的讲究。红色代表平安，橙色代表财运，黄色代表事业，紫色天灯是浪漫，蓝色天灯是梦想，绿色天灯是成长，桃红色天灯是爱情，粉红色天灯是快乐。人们可以根据自己的心愿，选择不同颜色的天灯来施放。在当地，还有着"放得越高，事业做得越旺"的说法，人们认为天灯飞得越高，心愿就越容易实现。这些，都使得平溪天灯犹如魔力般吸引越来越多的海内外友人到此祈福赏灯。

放灯的一刻，他们严阵以待，笃信虔诚，屏息静气，仿佛共同履行着一个神圣庄严的仪式。伴随着主持人的一声令下，众人齐齐放飞手中的天灯，瞬时，伴随着欢呼声而飞跃腾空的天灯，迅速弥漫了整个浩渺的天穹。之后，每隔约15分钟，就有100多盏天灯集中燃放，一齐飞天……

多彩的灯火冉冉升起，在夜空中浩浩荡荡，此起彼伏，飞得越来越高。绚丽的天灯渐行渐远，但广场上的人群还久久不肯离去。他们仰望夜空，祈福赏灯。更红火的日子就要到来了！

一灯一世界

——青海佛灯

地点：青 海

技艺：国家级非物质文化遗产代表性项目 银铜器制作及鎏金技艺

人物：何 满 国家级非物质文化遗产银铜器制作及鎏金技艺国家级代表性传承人

　　位于青海省东部的湟中县，是青海省西宁市下辖县，这里文化资源汇聚，堪称非物质文化遗产的富矿区。

　　湟中县历史悠久，新石器时代的马家窑文化及青铜时代的卡约文化的多次发现，证明早在5000年前就有人类在此繁衍生息。自古以来，这里就是一个多民族聚居的地方。自汉朝始，逐步迁居至此的汉族占据了最大的人口比重，少数民族当中，藏族、回族、土族、撒拉族、蒙古族是青海五大世居民族，此外还有苗、壮、朝鲜、满等民族。

　　湟中地区在藏传佛教发展史上有着十分重要的地位，皆因藏传佛教格鲁派的创始人宗喀巴就诞生在湟中县城鲁沙尔。在明朝以前，鲁沙尔是藏族游牧的草场，鲁沙尔源于藏语"日沙尔"，是"牧点"的意思。从明朝开始，在宗喀巴的诞生之处，鲁沙尔镇西南的莲花山坳中修建了塔尔寺。据清康敷镕纂的《青海省青海志》记载："为青海最大最有名之寺，……佛教徒皆重视之，每年蒙古西藏以及青海各县来膜拜者络绎不绝。"

　　明清以后，鲁沙尔逐渐成为当地藏族和蒙古族、土族等的朝佛中心，随之前来经商的回民也渐渐定居于此。集市贸易的不断发展，使鲁沙尔成为当地一个民族贸易集镇，尤其是每逢塔尔寺四大法会举行期间，朝圣者、购物者与商贾云集于鲁沙尔，宗教活动和商贸活动交互进行，极大地推动着此地民族手工业的发展。

　　湟中县的银铜器制作及鎏金技艺，正是在这个贸易集镇经济发展的背景之下兴起的。经过明清以来数百年的发展，成为了湟中当地最具特色和最为

青海塔尔寺

传
承

传承人何满

兴旺发达的手工艺行业。这项具有300多年历史的传统金属工艺，囊括了银铜器锻造、铸造等成型工艺及鎏金等表面处理工艺，并于2010年被列入了国家非物质文化遗产名录。

银铜器制作及鎏金技艺的兴盛繁荣，离不开大批能工巧匠。而由汉族工匠锻造的具有藏族与藏传佛教特色的银铜器物，则是湟中银铜器锻造工艺最主要的特征，是一道独一无二的工艺人文风景。

何满，是国家级非物质文化遗产银铜器制作及鎏金技艺项目的传承人。

何满说："我是从15岁开始学的，到现在的话也35年了，1994年开始我自己开店，自己开始独立制作这些银铜器。"何满的家就在湟中县金塔路银铜器制作一条街上，这里银铜器加工作坊随处可见，叮叮当当的敲打声吸引着过往的行人。他每天的工作就是用火加工金银制品。何满的家族世代以金银匠为生。家

族传承的手艺已经有5代人了。目前，何满父子是何氏家族中手艺最好的两人。

发展兴盛的藏传佛教，在青海湟中这块民族宗教多元化的文化土壤上，哺育了湟中银铜器锻造工艺。在何满看来，虔诚的藏族民众，养活了他们一家的祖辈和今人。

塔尔寺的建立是湟中银铜器制作工艺兴起的源头，市场的旺盛需求使湟中银铜器手工业茁壮发展，成为当地规模最大、从业人数最多、经济效益最好的特色文化产业，这是湟中银铜器手工艺传承不竭的直接原因。塔尔寺的建筑、雕塑、绘画驰名中外，其中尤以"三绝"——壁画、堆绣、酥油花最为著名。而其金碧辉煌的建筑装饰和寺内珠光宝气的法器、供器，也是这个藏传佛教艺术殿堂重要的有机组成部分。宗教器物手工艺的发展是建立在整体宗教艺术繁荣的基础之上的，恢弘的建筑与精美的堆绣壁画必须有精湛的金属工艺相匹配，共同地呈现给佛陀，才能更好地为藏传佛教服务。

眼下，何满他有一个心愿。用自己最好的手艺，制作一盏佛灯，献到塔尔寺的佛前。何满做银铜器的工具，大小算起来有四五百种。开坯的钳子，锤子，砧子，还有錾刻，等等。这个行里有个不成文的规矩，往往手艺越好的银铜匠，工具越讲究，工具的码放越方便整齐，工作的地方也收拾得越干净整洁。

通常，工匠们会根据需要制作的器物的外形和装饰，事先画一个等大的纸样，或者直接放大复印书中的图案纹样，用复写纸将线稿过到金属材料上，又或者将复印纸贴在银铜板上，用点錾錾出虚线，再根据虚线往细里刻画。

制作佛灯鎏金工艺

但对于何满这样经验丰富的工匠大师来说，只需直接用铅笔在金属板上勾出佛灯图案即可。

火，是何满家族制作银铜器和鎏金这些技艺时必须要用到的元素。一是化银必须要用火，二是在制作过程中也必须用火烧。加工银铜器时，传统的焊接技术必须用嘴吹。何满点着油灯以后，熟练地用嘴吹着，控制着火力的方向和火候。

佛灯成型后，何满开始錾刻佛灯的图案纹饰。浮雕部分是先在银片上錾刻好，然后焊接上去。何满把好几种绝技都使出来了，他用各式錾子从正面细化各处，使浮雕装饰更加饱满立体，线条更加利落分明。

接下来就是组装、清洗佛灯表面，为最后也是最重要的一步——鎏金做准备。银器的清洗处理主要用稀硫酸，然后清水冲洗干净。比较特别的是，何满的父亲何生寿介绍了一种在20世纪时期不用硫酸的老办法，材料用的是湟中老城墙上的土，将其放在水中熬煮，待沉淀以后，放一条马尾在上层清液里，搁置一晚，第二天的马尾毛上便会出现结晶。将结晶收集起来磨碎，加水涂抹在银器表面，用火烧，再用明矾煮，银子上的氧化层就会被去掉，恢复洁白雪亮的本色。这里的结晶其实就是俗称火硝的硝酸钾，在碱性的土壤中可以提取。可惜这种方法太过烦琐，古城墙上的土壤也早已被利用和清理干净，如今再也没有工匠会使用了。

藏传佛教器物多推崇金色，凡寺院建筑装饰和寺内重要法器、供器，基

本上都是金色的，以示对佛陀的尊崇和礼敬。何满把黄金砸得薄薄的，剪碎以后，用水银化成金泥，再把金泥涂在银铜器表面，用火加热，水银一经蒸发后，金就留在银铜器表面。这便是鎏金的整个工艺过程。

鎏金，是一种金属加工工艺，由 2000 多年前战国时期的中国人最早掌握，至今仍在使用。其操作原理是把金和水银合成的金汞剂，涂在银铜器表面，加热使水银蒸发，使金牢固地附着在银铜器表面而不脱落。相比起用电解法的镀金，鎏金有着持久牢固的特点，经过鎏金的宝瓶、祥麟法轮、法幢、金瓦等屋顶建筑装饰，风吹日晒雨淋也经久不褪色。

3 个月之后，历经 30 多道工序，一盏佛灯制作完成了。

一盏佛灯，充满藏族宗教特色的独特风韵，光滑自然的表面质感，金银璀璨的颜色追求。何满带着这盏佛灯，沿着祖辈们当年走过的日月山、青海湖，一路还愿。他用这种方式，表达他的感恩之心。

一灯一世界，佛前一盏灯。

在青海塔尔寺的大殿里，何满最终献上了自己精心制作的这盏佛灯。点灯、敬佛、添油，从此佛灯长明不熄，照亮大佛，点亮人们的内心。

第 **5** 章

土 生存资源的馈赠

作为农业大国，中国自古以来对土有着极为特殊的情感。人生在世，安土重迁，故土难离。百年之后，人又魂归故土，入土为安。

千百年来，他们神思故土，尊"土"为母，在世代相恋依存的土地上创造出生生不息、璀璨隽永的华夏文明。我们的先人们，从土壤中获取生存资源，于大地中构建生命格局。无论是家还是国，都与土地有着不解之缘。一丘成"社"，五谷为"稷"，祭祀国家社稷，用的就是五色土，在今天北京中山公园的社稷坛上仍可以清晰地看到五色土的实物。

放眼中华大地，他们以土为介质，敲响黄泥鼓，隆隆声响是他们与祖先对话的方式。他们视土为珍宝，行走在山野之间，搜寻人参等山中珍品。他们雕筑平静无我的匠心旅程，在大地上向下深挖，构建居所。他们用土作画，营造独特的化境，或是用土雕塑神佛，为虔诚的人们塑造膜拜的对象。

可以说，中国广袤的土地馈赠了中国人赖以生存的资本，丰富的土壤资源和不同的土壤特性，也为艺术领域提供了丰富的创作载体。

土，构成他们的生活基础，也是他们传承不息的艺术载体。

祭拜祖先的盘王仪式
——瑶族黄泥鼓舞

地点：广　西

技艺：国家级非物质文化遗产代表性项目　黄泥鼓舞

人物：盘振松　国家级非物质文化遗产黄泥鼓舞国家级代表性传承人
　　　赵盘丽

黄泥鼓舞

富饶美丽的金秀瑶族自治县，是瑶族聚居区之一。她位于广西中部略偏东的大瑶山，成立于1952年5月，是全国最早成立的瑶族自治县。

金秀县六巷乡下古陈村，是一个地处大瑶山中南部的古老村落。该村先民因战乱于明嘉靖年间从贵州迁移而来，定居在这里。村中90%的村民均为坳瑶，另外有3户盘瑶；80%的村民姓盘，另有李、刘、冯、赵4姓。村子北靠五指山，面临古陈河，目前仅有一条向西通往六巷乡的公路。闭塞的地理环境限制了村民与外族交往，但也使这里至今仍保留着原生态的瑶民祭祀时最重要的一种仪式舞蹈——黄泥鼓舞。

村子里的赵盘丽，今年15岁，家中四代同堂。

漫山的茶园和八角树，是坳瑶女人一代代劳作的地方。"一年里有几个月，我们会在树上采八角。"晾晒八角，是她从小跟着妈妈、外婆和曾祖母一起做的事情。这里地处湘桂走廊东侧，温热的亚热带季风和海拔1900米的五指山交汇后，形成常年充沛的雨水，因而盛产茶叶、八角等作物。

赵家的4代女人身上，遗传着坳瑶女人果敢耐劳的血液基因。赵盘丽常常想，是不是自己的生活，会像母亲、外婆和曾祖母一样，永远是上树采八角和进山采茶那样的一成不变？

最近，赵盘丽迷上了寨子里跳了几百年的黄泥鼓舞。

几百年来，瑶族人保留着跳黄泥鼓舞来祭拜祖先盘王的传统。爷爷盘振松，是家族第 15 代黄泥鼓舞传人，也是国家级非物质文化遗产黄泥鼓舞国家级代表性传承人。

黄泥鼓舞就是在纪念盘王的时候敲打黄泥鼓所跳的舞蹈。在瑶族世代传颂的《过山榜》中记载：瑶族祖先盘王，是一位勇猛的英雄人物。在民族陷入危难的时刻，是盘王勇敢地用计谋把敌人首领的头颅取下，部落人民的生命财产才得到了保卫，因此国王封他作为王，人民便称他为"盘王"。盘王与心爱的三公主结婚后居住在山里，生育了 6 个女孩和 6 个男孩，这便是瑶族的后代。一天，盘王带着自己的儿子们到山上打猎，遇到大山羊，被山羊撞下山崖后丧生，悲痛欲绝的三公主在山下发现了盘王的尸体。三公主便命子女们将尸体旁的泡桐树砍下，锯成了 7 段，将树心掏空制成 1 个母鼓和 6 个公鼓的鼓身，还将那只山羊的皮剥下制成鼓面。在鼓面上涂抹黄泥，因为黄泥涂在鼓皮上可以遏制鼓声的噪音。他们狠狠地敲击山羊皮鼓以悼念盘王，发泄心中的悲愤。这就是祭祀盘王时要击打黄泥鼓、跳黄泥舞的由来。

传承人盘振松

赵盘丽

与传说相应的是黄泥鼓的形态结构和制作方法。黄泥鼓分为"大"（低音鼓）、"小"（高音鼓）两种形制，坳瑶称"母鼓"和"公鼓"。母鼓，鼓腔以整段泡桐木挖空制成，腰部粗短，近似两个宽口径杯底对合，鼓长约 3 尺，口径约 8 寸。公鼓，为整段酸枣木挖空制成，腔体中腰细长，似两个倒接的细长喇叭，鼓长约 3.2 尺，口径约 4 寸。腔体两端均蒙以山羊皮或黄牛皮，并用铁钩系绦勾联组络，绦间插入竹条，用来扭转绳索产生不同的松紧度，从而调节皮面的音高和音量。母鼓音沉，公鼓声清脆。跳舞时，一只母鼓控制多只公鼓的方向和节拍。

黄泥鼓性别的区分，体现坳瑶万物有灵、以己度物的思想。赵盘丽跟爷爷说过几次想学打鼓的事情，但爷爷都没有同意。

"我们原来跳盘王（祭拜盘王）的时候才跳黄泥鼓舞，跳盘王的时候没有女人参加这个盘王仪式，所以没有女人跳黄泥鼓舞。"盘振松严肃地说道。

黄泥鼓舞源于瑶族人对祖先的祭拜，按传统，一直传男不传女。在下古陈村中担任母鼓的鼓手是村中德高望重之人，担任公鼓的鼓手则是他的徒弟，鼓手全由男性担任。

"女人是不可以打鼓的……"妈妈也在旁劝慰。

与赵盘丽的想法不同，由于现在生活方式和娱乐方式的变化，下古陈村很多年轻人都不再愿意学习跳黄泥鼓舞。一来他们认为学跳黄泥鼓舞并不能很显著地改善家庭的经济收入，越来越多的年轻人选择了离开家乡外出打工挣钱；二来即使是在有报酬的前提下，年轻人大多数只是临时学习，没有对黄泥鼓舞进行深入的学习，只是形像而神不像。或许，更深层的原因还在于他们意识不到黄泥鼓舞对他们自身价值的意义和传承的价值，也担心因为黄泥鼓舞跳得好而被要求成为师公的传人而产生抵抗的心理。

15岁的赵盘丽初中毕业后，没有选择外出打工。与外面的世界相比，她喜欢下古陈村弥漫的八角清香。更重要的是，她不喜欢过跟别人一样的生活。

盘振松用黄泥浆涂抹鼓面进行调音

经不住赵盘丽一再央求，也考虑到黄泥鼓舞的传承现状，爷爷终于答应教她打鼓。

"赵盘丽，打鼓了……"

听到爷爷的呼唤，赵盘丽开心极了。随即和爷爷乘着竹筏来到一片静谧的河滩，学习打鼓。爷爷先是教赵盘丽用黄泥浆涂抹鼓面进行调音的方法。坳瑶先人至今保留了独有的用黄泥浆涂抹鼓面进行调音的传统。调音时，一边抹泥浆，一边旋转鼓绳中间的竹片，其音调与音准控制，全凭舞者耳力和经验。

黄泥鼓的演奏方法，有固定的一套程式。公鼓在演奏时，左手抓住鼓腰，将鼓放到胸前的位置，右手的掌心由下鼓面向上托起，同时击拍鼓底；母鼓在演奏时，将鼓挂在腹前的位置，左手拿着竹板敲击左边的鼓面，右手徒手拍打右边的鼓面。

舞者的步伐，是学跳黄泥鼓舞的重点。黄泥鼓乐舞是为祭祀伟大的瑶族祖先而跳的，在祭祀中必须同时进行公鼓和母鼓的演奏，这样才能求得神灵保佑与民族昌盛。手持公鼓的人，围绕在手持母鼓的人的周围舞蹈。在旋转的同时，要配合鼓点的节奏与前进的方向。

赵盘丽在爷爷的指导下，一步一步地学习着。

每到瑶民的"盘王节"，盘振松会带领队伍打起黄泥鼓，舞蹈活动贯穿整个祭拜盘王的仪式。

他回忆着往年的仪式盛况：当地德高望重的师公会选定祭祀仪式举行的地点，祭祖仪式一般在夜间进行。祭祀活动即将开始的信号，是远处传来的锣鼓声，寨中男女老少都会参加。队伍前面，是一尊出自老村长之手的新雕刻的木质盘王彩色塑像，跟随着一队敲打着锣鼓的坳瑶男女，被安放在师公选好的祭祀场地的供桌上。祭祀场地的北端，用竹竿捆扎成的模仿现在舞台上下场口的"阳门"和"阴门"，便是为了区分"尘世"与祭祀"圣地"。

在盘王塑像安放的供桌前，按照顺序依次摆放的是土地公、雷神、雨神、白娘娘、灵娘和猪、牛、虎、熊等木壳面具，代表着各路的神灵，面具前供放着的是祭祀仪式前刚刚宰割的猪头和香火。

待祭祀仪式场地周围的锣、鼓、镲等乐器齐鸣，宣告祭祀活动正式开始。1 位鼓手打母鼓，4 位鼓手打公鼓。公鼓在母鼓的率领下，敲击着各自不同音色的黄泥鼓，穿过象征尘世的"阳门"向祭奠的"圣地"走来。他们在环绕供桌敲奏几圈后，打母鼓者领奏，四面的公鼓众星捧月般环绕着母鼓，外圈顺时针方向跳转，且随着打母鼓者的节奏拍击着自己的公鼓，跳起持重而古拙的长鼓舞。之后，师公舞插入其中。师公头戴面具，手拿摇铃绕神桌一周独舞。后又有双人，手拿摇铃舞。最后，众人合舞。师公唱腔中透出苦涩而显得悲怆，似乎代表着过去的艰难岁月，黄泥鼓乐舞的节奏在这里变得热烈、奔放而显示出生命的活力。

黄泥鼓乐舞是坳瑶族群的集体表述与记忆。只要跳起长鼓舞，就是在提醒子孙后代不忘先人的恩情，不忘自己是盘王的子孙，不忘自己是瑶人的一支。黄泥鼓乐舞，早已成为瑶族身份认同、群体意识的文化符号和音乐行为。

赵盘丽的学鼓之路，才刚刚开始。

她知道，虽然以后自己不一定能去参加祭拜盘王的仪式，但她可以教孩童抹起黄泥浆、打起黄泥鼓，成为像爷爷那样的传人！

传承

进村不见房，遍地是坑道

——地坑式窑洞

地点：陕　西

技艺：省级非物质文化遗产代表性项目　渭北地坑式窑洞建筑技艺

人物：宋先民　省级非物质文化遗产渭北地坑式窑洞建筑技艺省级代表性传承人

渭北地坑式窑洞

　　上万年前，中国的先人们开始了凿崖壁而居的生活，这种独特的居住形态成为后来窑洞的雏形。中国西北部，黄土高原沟沟壑壑，在陕西，全省面积的 45% 都是由黄土地貌组成，它深刻影响着陕西的建筑风格，窑洞建筑技艺就是当地人千百年来所摸索创造的独特建筑方法。窑洞的形态非常多样，在土层深厚的渭北高原，由于下挖层黏性好，这里发展出一种结构稳固的地坑式窑洞。

　　渭北地坑式窑洞，也叫天井院、地阴坑、地窑，是一种下沉式窑洞四合院村落。地坑式窑洞巧妙地利用黄土直立边坡的稳定性，就地下挖一个深 8—10 米的方形地坑，形成四壁闭合的地下四合院，在四面的窑壁上开挖出各式窑洞，满足生活所需的各类空间要求，包括主窑、副窑、厨窑、牲口窑、粮窑、柴草窑、通道窑等。

　　地坑式窑洞因在地面以下，因此具有典型的冬暖夏凉的特点，这种渭北黄土高原独特的建筑模式，兼有窑洞和庭院建筑的风格。作为中国西北黄土高原上居民的古老居住形式，渭北地坑式窑洞建筑技艺，经由泾阳县兴隆镇侯庄村川西组申报，已被列入陕西省非物质文化遗产名录。

　　宋先民，泾阳县兴隆镇侯庄村川西组的村民，他是省级非物质文化遗产渭北地坑式窑洞建筑技艺代表性传承人。在侯庄村，宋先民是公认的建造下沉式窑洞的行家里手，被村民们誉为"大把式"。

为了传承渭北地坑式窑洞建筑技艺这一非物质文化遗产，宋先民这天召集村里人开会，共同商量修复地坑窑的事情。

"各位乡亲，今天把大家召集来咱开一个短会。短会的内容，就是关于咱祖祖辈辈居住的这个地窑。"宋先民说，侯庄村原有80多口地坑窑，后因填平复垦，仅剩一口废弃的地坑窑。

这次，宋先民想和乡亲们一起把这仅存的地坑窑原样修复。在过去，渭北高原上每位普通劳动者，一生中几乎都给自己家打过窑洞或帮助村民邻里建过窑洞。对大多数村民来说，除了勘察窑址需要一些风水方面的知识外，修建窑洞几乎是一项必备技能。

"咱们这次经过这个修复，就是和咱原来祖先所居住的那个环境基本要达成一样的。让咱的后人能了解到当时的祖先在这儿是如何生活、如何生存的。"这座地坑窑，修复之后即将变成一个集渭北民居、民俗、农耕文化于一体的"渭北高原地坑式窑洞博物馆"。

这次因为是修复废弃的地坑窑，不需前期勘察窑址的过程。通常在建造一口新的地坑窑时，窑址的勘察尤为关键。主人在建造窑洞时，必须请当地有名的风水先生或本村熟知乡风民俗的老人勘探选定窑址，用罗盘确定方向，再用白灰撒线定出位置。

选定窑址后，便是挖窑。人们以篮子、耙子、扁担为劳动工具，一层一层地向下挖掘，随着院庭的下伸，要留出台阶供劳动者上下往返。挖土时为了加快劳动速度和增加娱乐成分，技艺高的挑担人往往进行甩篮，即挑担人从地面用扁担挂钩将空篮子，从空中甩向窑底的挑担人，窑底的挑担人用扁

修复废弃的地坑窑

村民正在"洗墙"

担挂钩在空中接住篮子，整个过程极具观赏性。

"往这边来一点，往东边来一点。好！就这样钉。开工了啊！"

修复工程从漫道开始，漫道是一条长坡径的人行道，从地面到地下的出入口。

"大家可以看一下，现在这个窑洞，经过这么多年，可能这个漫道损毁太厉害。"由于旧漫道破损严重，宋先民决定重开一条新漫道。

挖好漫道后，要在入口处建造一座头门。地坑窑以院内其中某一孔窑洞做头门，经漫道通往地面。头门、漫道的布置形式和标高需因地制宜，能工巧匠们都能灵活变化地设计出各种地坑式窑洞的入口布置方式。从平面布置上区分样式，有直进型、曲尺型、回转型和雁行型四种；从入口通道和天井院的位置关系区分，有院外型、跨院型和院内型三种；如果按照入口通道剖面形式分，又有敞开的沟道型和钻洞的穿洞型两种。多种不同的样式，体现了因地制宜，创新多变的特点。

建造头门，首先要把地基夯实。宋先民订制了一块新夯石，从邻村请来一位领夯手，村里会打夯的人都赶来帮忙。

"啦啦的啦呀！""嘿嘿的嘿哟！"

"同志们呀！""嘿嘿的嘿哟！"

"高拉个起哟！""嘿嘿的嘿哟！"

"放上个卫星！""嘿嘿的嘿哟！"

"怕个的啥呀！""嘿嘿的嘿哟！"

"嘿嘿的嘿哟！""怕个的啥呀！"

"嘿嘿的嘿哟！……"

传承

村民们在领夯手的指挥下，有节奏地齐力打夯，打夯号子引来了村中老小的围观。

接下来，他们一拨人要修复院子里原有的渗井。从井底把淤泥一桶一桶运上来。清掉淤泥，才能保证窑院的渗水效果。

窑洞院子里，另一拨村民开始"洗墙"。窑洞的四面窑壁已被雨水冲刷得凹凸不平，要用三齿耙把墙一点点刷平，村里人把这叫"洗墙"。"洗墙"这天，村里人早早过来帮忙，搭好脚手架，搭一层，"洗"一层。整个过程，需要四五天才能完成。

接下来，需要制作箍漫道、修火灶、搭火炕所用的土坯。用土坯搭起立柱，支撑起炕坯的四角，铺成火炕。铺好的火炕上抹一层麦草泥，这让火炕平滑又结实。

地坑式窑洞由于在地面以下居住，除了选择在干旱、地下水位较深的地区建窑，做好窑顶防水和排水防涝措施也十分重要。当地农民将窑顶碾平压光，以方便排水，同时，平整的窑顶还可以用作打谷、晒谷的场地。

历时50天，渭北地坑式窑洞终于在冬至之前竣工了。

进村不见房，遍地是坑道。从周代开始，渭北塬上，八百里秦川曾一度遍布这种地坑式窑洞。它们成排而列，南侧留门，门前有树，院子中间留有天井，种有果树，窑顶平整。人在平地，只能看见地院树梢，不见房屋。渭北地坑式窑洞与黄土大地连成一体，表达着人们对黄土地的热爱和眷恋。

对于久居都市的现代人而言，地坑窑很少为人所知，它完整地保留了千百年来渭北高原上的居住空间和建造技艺，凝固着先人就地取材、在黄土之中获取生存空间的智慧，承载着厚重悠久的关中文明。渭北地坑式窑洞，是黄土高原建筑工艺的伟大创举，是人类居住史的"活化石"。这，正是宋先民将这座地下四合院完整修复的初衷所在。

原始森林寻"国宝"
——长白山野山参

地点：吉　林

技艺：国家级非物质文化遗产代表性项目　长白山采参习俗

人物：董德双　崔长安

美丽富饶的长白山雄踞中国的东北边陲，被誉为关东第一山。抚松县，坐落于吉林省东南部的长白山脚下。这里地处东北平原东部、长白山主峰附近的原始森林中，地处海拔 500~1000 米的针叶林、阔叶林地带，落叶在森林湿度与温度的作用下，将黑土变成营养丰富的黑色腐殖土。独特的土壤，构成了野山参特有的生长环境，让抚松成为人参的王国，全国 85% 的野山参均产自这里。

采参习俗，在长白山地区称为放山习俗。这一习俗可以追溯到满族的先祖肃慎、邑娄、靺鞨、女真等，明末清初关外汉人不断涌入长白山挖参，不同的风俗文化不断融合。2008 年，长白山采参习俗入选国家级非物质文化遗产代表性项目，抚松也在 2011 年被我国文化部命名为"中国人参文化之乡"。

董德双，长白山的传奇放山人。

"140 多年前，我的祖辈闯关东来到了长白山原始森林里，那个时候，就是放山抬棒槌。抬到大棒槌，你就发财了。"

棒槌，是当地人给野山参起的外号，因为无须的红参跟生晒参形状如同洗衣棒槌而得名。自古以来，长白山野山参一直是名贵中药材，价格昂贵，当前的市值从几万至几百万元不等。1981 年，21 岁的董德双初次放山，采得一枚三身、十二匹叶、重达 285 克的野山参，作为国宝珍藏在人民大会堂，由此一夜成名。然而，此后的 30 多年，董德双再没收获放山人眼中的大野山参。

为了找到国宝级野山参，董德双一行 5 人，走入长白山原始森林。"我有这个信心，那地方还有一苗大棒槌在等着我，我要再寻'国宝'。"此次放山，有多年放山经验的崔长安是队伍的把头，他负责领队、记路、看山场。

越往密林深处走，树木越高大挺拔。"注意脚底！"把头（领队）崔长安提醒这样的树群中要注意"吊死鬼"。雷雨天，越高的树木越容易成为导电体，被雷击中。劈下的断枝横于树冠中间，形成摇摇晃晃的树挂。放山人经过树下时，极易被砸伤。董德双说，北岗有一个老头上山时不注意，被"吊死鬼"打了，10年躺在床上，半身不遂。

"这还一个'吊死鬼'。得把它拿下来，这在这里太危险了。""拿下来吧，注意安全啊。"

"走，这会儿往这边走。""对。"

原始森林，处处潜藏着不可预知的危险。寻找野山参，需要集中注意力。因此，压山寻参时往往保持安静，不能说话，放山人手中的木棍是彼此间联络的信号。

临近傍晚，队伍来到一片松树林。满地的松子，让这里成为野猪出没之地。这头野猪刚刚生过小猪，为保护幼崽，母野猪此时的攻击力很强。若想回避攻击，只能折道而返。

"咱们怎么办？""咱一会儿从这边绕过去。"

轻脚步，棍开道，4人蹑手蹑脚过了野猪群。

安全度过野猪群后，队伍在林中空地稍事休息，煮食晚饭。温和暖胃的小米，是放山人喜欢的食物。"搁点咸盐、油，一块焖这个小米饭。"一旦带上山的小米吃完了，放山人就要下山回家，这是不变的规矩。

吃完晚饭，队伍继续行进。一连三天，队伍都始终没有收获。这天，他们压过一片山场，古树茂密，人在其中，会觉得中间低、四周高，不由产生一种压迫感。

"老崔，雨这么大，咱往哪走啊？""你拿出指南针给我看看！"

"你指南针现在根本信不下去了！""听我的直接往前走！"

周家林怀疑崔长安失去了方向感。崔长安却笃定，自己的方向是正确的！

董德双一行人走进长白山原始森林　　　　　　　　　　　　　　　经过沼泽地

夜色降临，周家林发现了那顶挂在树上、被以前放山人落下来的旧帽子。两个小时前，他看到过这顶帽子！这意味着，他们又回到了原点！

"老崔，你看你这说得对，怎么又到这帽子边上吗？这帽子你看看！"

"今天雨太大了，要平常你看树冠看青苔都能出去。"

"你说对不？你不是说对吗？"

"好，好！是雨太大！"

面对着队伍中升起的不安和埋怨，崔长安努力找寻正确的方向。队伍失去了方向，这就是山里人所说的"麻达山"（迷路）。往往阴天没有太阳的天气容易迷路，放山人可通过看大树根部的苔藓、看河流的方向、听动物的鸣叫声等方式来确定方向。因为身处雨夜，富有经验的崔长安也很难判断方向。

等不到崔长安4人回到临时住地，负责给放山人做饭的"端锅"非常担心4人的安危，他拿起手电，去寻找崔长安、董德双一行。

"到这了，才全明白。"放山人有看流水走势辨识方向的本事。崔长安来到一条溪流前，迅速调整了东南西北坐标。

清晨时分，趟过溪流的4人又进入一片沼泽地。

"老崔，老董，我掉沟塘子里了！""我们马上到啊！"

"慢点，这里险啊！""先把棍连上，快快！拽住，拽住啊！一二，使劲。一二，好，好，好！"

因为4人一夜未归，端锅外出寻找。"好几个小时了，我去找你们也没看着，就掉这沟塘子了。"误入沼泽地后，因不熟悉地形而掉进沟塘。他深夜里不敢乱动，天亮才深一脚浅一脚地摸到了沟塘边缘。

进山第7天，伙计们所带的小米快吃完了。众人商量，再坚持一天，如

董德双发现了一支五匹叶野山参　　　　　　　野山参通红的籽

果没有收获，只能空手下山。他们来到一片山阴之地，背阴一面的山体多石缝、洞穴，植被茂密，水源充沛。这样的山场环境，往往是群蛇藏身之处。

崔长安、董德双一行进入蛇阵，这是一场闯入者与领地主人的斗争！抚松长白山，有大蛇护参的传说，因蛇与参的特殊关系，放山人不敢轻易伤蛇，仅凭胆量、经验和手中的一把索宝棍，穿越蛇群。大蛇可以挑走，体短、长有毒性钩牙的剧毒蝮蛇，只能用索宝棍一点点清理干净。

"拿火（休息）！" "好！"勇闯蛇阵后，把头崔长安发出"拿火"休息的口令。"拿"是顺利、吉利之意，放山人的很多词汇都加"拿"字。

此时，董德双提议可沿刚才大蛇的蛇头方向去寻参。"今天咱看这些蛇，特别看那个大的，头朝哪咱往哪边去压，朝西咱就往西压。"

崔长安观察，这里长有红松、槭树、柞树、椴树、水曲柳等树种，正是容易发现人参的五花树原始混交林。于是，董德双决定带大家一路向西！

"棒槌！" "什么棒槌？"

"五匹叶！" "快当，快当！"

"哎呀，这么大一个。还通红的籽。"董德双发现了一支五匹叶野山参。

第一个放山人发现人参叶子，立即停止找参，喊"棒槌"，为喊山。发现人参者喊山后，其他人立即问"什么货"？为接山。发现人参者听到接山后，回答人参的叶子数量，为应山。当发现人参者回答几匹叶后，其他人一同大声喊："快当，快当！"这是贺山，有祝贺和顺利之意。

"再压压山，压压那边，招呼招呼接山啊！" "好！"这里的"压山"是指放山人手持索宝棍拨拉着草丛搜寻人参。

当喊山、接山、应山、贺山这系列程序完成后，抬参开始了。抬参就是挖参，是采参中最难的一个环节。放山人常说，发现人参不算能耐，抬出人参才是真本事。

"把它升起来！""跑不了了，步步升高了，好了！"

抬参的整个过程，有时长达三四个小时。把头从工具包中取出快当扦子（大多由鹿骨制成，又称鹿骨扦子），便正式往外挖参。野山参极其珍贵，参须以横向脉络向四周土壤伸展，抬参时不能破坏一丝参须，否则营养会迅速流失。

"老董！""哎！"

"把苔藓拿来，打（人参）包子。"人参抬出来后，将人参根须放在苔藓上包严实，外面用桦树皮再包一层，这个过程称为"打参包子"。树皮包好后，再用树皮绳把参包子捆上两道，称为"打要子"或"捆要子"。

在原始森林历经艰辛，终于找到国宝，董德双完成了此行最初的念想。他骄傲地说：

"就是在咱长白山这个原始森林里头才能找到这样的腐殖土，这样的腐殖土才能长出这样的大棒槌！"

长白山的黑色腐殖土造就了神奇而价格昂贵的野山参，也练就了放山人强大的野外生存技能。

"我初把放山，就拿了国宝大棒槌。这些年，我就是上山拿棒槌，家里种棒槌。"董德双说，这就是他和人参的缘分。

土壤馈赠给长白山放山人生存下去的资本，也让每一个放山人，成为真正的长白山汉子！

采参中最难的一个环节抬参

陶釉作画，溢彩流光
——台湾宝石釉陶画

地点：台　湾

技艺：台湾宝石釉陶画

人物：刘铭侮

    太平洋西海岸风光明媚、气候温和，在花莲吉安南海九街上坐落着台湾规模排名第 5 的美术馆——刘铭侮美术馆。它建立于 1981 年，占地 1000 多平方米，是闻名世界的国宝级陶艺大师刘铭侮的私人陈列馆和工作室，展示着刘铭侮数十年来精美的陶画创作和大量珍贵的文物藏品。

    刘铭侮，宝石釉陶画的发明人和创作者。他是清朝一代名将黑旗军统帅刘永福的第 4 代玄孙，1949 年出生在台湾彰化永靖。1964 年，16 岁的刘铭侮拜在台湾建庙大师林文贤门下，学习寺庙建筑艺术，涉猎古典土木工程设计、油画、剪粘、石雕、木雕、交趾陶六大艺术类别，并将建庙艺术的六大门类融会贯通。17 岁时，他通过勤奋和天赋成为台湾最年轻的建庙师傅。刘铭侮回忆道："那个时代，我一天可以做 36 件泥像。那个纪录到现在还没有人可以破。"

    结婚成家后，刘铭侮师从林添木学习交趾陶和宝石陶的提炼秘术，开始在交趾陶和宝石陶上发展。交趾陶，是清朝道光年间由广东交趾镇（今佛山）人刘构思引入台湾的工艺，制作工艺难度极高，烧制出的人物或动物造型陶偶以白、黄、绿为主色，兼以赭、蓝、紫等色，用于传统建筑物尤其是寺庙屋顶的装饰，遗憾在时光变迁中逐渐失传。刘铭侮在恩师的指导下，找回了失传数十年的秘方，经过百余次的试验，成功复兴了交趾陶的制作工艺。

    20 世纪 80 年代，刘铭侮首次将用于寺庙装饰的交趾陶研发为现代艺术品。他借着陶土塑性的自由，完整表现艺术家的情感及手技，加上现代人的科学思想和超现实触觉，再配合高科技的烧陶设备、窑炉结构变化处理，混合古今陶与瓷高低温釉药的应用及几何程式设计，最终融合孕育具有现代中国味

陶画中每个线条与笔触之间都留有细微的空隙

刘铭侮宝石釉陶画作品

的陶艺。这就是刘铭侮现代交趾陶的创作。

此后 20 年，刘铭侮又将传统的交趾陶改良为宝石陶。他遵循恩师林添木遗训，将不同于交趾陶且完全为矿物配方的宝石釉彩成功提炼出来，同时又把陶骨和釉烧温度提高，烧制出了 100 多种釉色。从低温的交趾陶到高温的宝石陶，一种晶莹剔透、灿烂炫彩的陶器工艺品诞生了，刘铭侮收获了更多的声誉和赞美。2001 年刘铭侮被列为台湾十大闻名艺术家，多年来在台湾博物馆和台北市立美术馆举办大展，还多次应邀前往美国、西班牙、巴西、阿根廷等国举办个人艺术展。

在巴黎展览时，一位英国画家对东方陶艺的评价，让他做出了一个重要决定。他告诉刘铭侮说，全世界最高档的艺术属于油画，东方的陶艺美是美，只能排在油画的下面。这让刘铭侮下定决心：要将东方的陶艺跟西方的油画结合在一起。

2002 年，他开始尝试将西方的油画和东方的陶瓷结合在一起，用了近 6

年的时间，终于研发创作出了一种新的陶艺形式——宝石釉陶烧油画。宝石釉陶烧油画，就是以宝石釉料作画料，用泥土烧制而成的陶板为画布，烧制出的油画风格明显的新画作体系。

今天，刘铭侮要创作一幅主题为"福建桃"的宝石釉陶烧油画。

刘铭侮先用各类宝石矿物和一些金属调配成釉料，以此作为宝石釉陶烧油画的作画原料，再用泥土烧制成陶板，作为画布。准备完各种材料后，刘铭侮开始在素烧的陶板上创作。

"我这棵福建桃，它那个形状都已经出来了。"不一会儿，刘铭侮就在陶板上用釉料勾勒出福建桃的形状。作画时，釉料的拿捏非常重要。釉料不可任意挥洒，而是要求每个线条与笔触之间，都要留有细微的空隙，为釉料在之后的烧制过程中留出反应空间。

刘铭侮分享自己的创作灵感。他作品的灵感始于对"意境"的阐述，内心执着于对轮廓线条美的勾勒，更醉心于颜色挥洒的层次。画中有西方厚实的颜色，也有东方淡泊的意境，还有现代前卫的因素。他的作品既挥洒大气，又细腻古雅，再加上釉料因高温烧出了许多意想不到的色彩，从而使作品整体质感瑰丽多彩，创意独具一格。

绘好陶画后，刘铭侮小心翼翼地把陶板放进电子控温窑炉中烧制。宝石釉陶烧油画的制作原理是在高温作用下，让药釉与陶板充分窑变，形成肌理突出、油画风格明显的宝石釉陶画。

经过 24 小时的烧制，起窑了。

高温烧制而成的福建桃，表面质感丰厚优美，远看自然立体，近看气质高贵。画面如洒金釉泽惠金点闪闪，洒雪花釉则会在白色石英釉里散布着银点苍苍，如采用高白金元素的玫瑰红，更是美不胜收。若以放大镜观看，各类宝石的结晶体粒粒散发七彩光芒，让人有如进入琉璃世

界一般。

中国的文化艺术博大精深，举凡木雕、石雕、陶瓷、玉器、铸铜、书画、刺绣等都有丰富遗留。刘铭侮认为，陶瓷最具文化特色与玩赏收藏价值，尤其质地永久、保留性强最受世人重视，也最代表中国气质。陶瓷两者，又以陶器比之瓷器更具意趣，也较能保留艺术家情感的表现痕迹。陶器因泥塑性高及温度较低，故烧出来的陶物体一般都能保留艺术家手捏质料感，可窥探出作者在创作当时的心境和情感痕迹。

多年来，刘铭侮创作了大量构思新颖、表现手法奇特的精致作品。那些嵌在画框里的人物、山水、花卉、翎毛、走兽、鱼虫，远远看去有的酷似色彩丰富的油画，有的酷似中国的水墨画，但仔细揣摩又似而不是。有的运用中国画以散点透视结构创作理念，有的则用西画焦点透视布局。在灯光的照耀下，画框里和陈列架上的作品釉色熠熠，犹如晶莹剔透的天然宝石。透过刘铭侮创作的宝石釉陶画作品，我们可以感受到他的美学观与创作观，体验不同的绘画风格。

宝石釉陶烧油画这种特殊的艺术形式，将传统的陶瓷工艺与西方陶瓷艺术完美结合起来，将陶艺从工艺作品提升到艺术创作的境界，为当代中国陶瓷艺术的研究探索出一条崭新的道路。

如今，刘铭侮一家四口都在做宝石釉陶烧油画。一家人在一起工作，刘铭侮是灵魂。儿子眼中的父亲严肃而又风趣，可在女儿的眼里，父亲始终是一位喜欢与她打闹的朋友。

我们在刘铭侮先生的脸上，丝毫不见他年近古稀的时间痕迹。这位国宝陶艺大师，始终以自己旺盛的艺术生命力，投身于陶的艺术！

传承

纯净无我的匠心旅程
——热贡泥塑

地点：青　海

技艺：国家级非物质文化遗产代表性项目　热贡艺术

人物：夏吾角　　国家级非物质文化遗产热贡艺术国家级代表性传承人

热贡艺术馆中夏吾角的作品

青海省黄南州同仁县，著名热贡艺术之乡。热贡艺术是我国藏传佛教艺术的一个重要流派，主要包括唐卡、堆绣、雕塑、图案、建筑彩画、酥油花等多种艺术形式，因发祥于同仁县隆务河畔的热贡而得名。热贡艺术造型准确生动，设色匀净协调，工笔精细绝美，富于装饰性，是藏族不同地区之间、藏汉民族文化之间交相辉映的产物。热贡艺术于 2006 年被列入国家级非物质文化遗产保护名录，2009 年被列入人类非物质文化遗产代表作名录。

雕塑在热贡艺术中占有显要的地位，以泥塑为主，也有木雕、砖刻、石刻等不同形态。泥塑是以泥土为原料，以手工捏制成形的雕塑工艺品，泥塑堪称佛教寺院的主体艺术。无论大寺小院，都以菩萨、金刚、天王、教派首领、活佛、大德高僧以及与其相对立的魔怪诡异的泥塑造像放置在佛殿核心，围绕这些大中型塑像的还有成千上万的小佛像，以此组成浩大的佛像群，供信徒膜拜。

夏吾角，是国家级非物质文化遗产热贡艺术代表性传承人。

1966 年，夏吾角出生在青海省同仁县隆务镇加仓玛村，他从小跟着父亲学习泥塑、唐卡、壁画等技艺。1986 年，他师从黄南州著名的热贡艺术大师登丁，泥塑技艺大增。回忆起当初跟随登丁大师学习泥塑的情景时，夏吾角说："登丁大师那时已经很有名望了，可是只要我去求教，他都会很耐心地教导我，那段时间的学习对我帮助很大。我能在泥塑行业里做出一些成绩，离不开老师的悉心教导，我很感激登丁大师。"

数十年的从艺实践，使夏吾角在唐卡、泥塑、堆绣等热贡艺术门类上都具有较高的造诣，他的作品在绚丽中彰显神圣，在灵动中透出庄严，既传递了佛教教义、教理，亦给人以崇高的艺术享受。

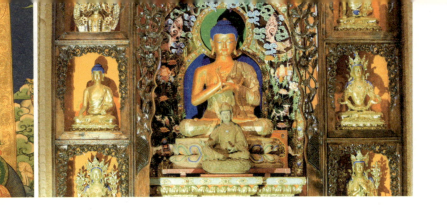

现在，夏吾角打破热贡技艺家族传艺的模式，创办了热贡艺术学校。

17 岁的少年夏吾杨巴在牧区长大，家境贫寒。今年夏天，夏吾杨巴中学毕业，奶奶想让他拜在夏吾角大师门下，学门手艺。

来到加仓玛村的仁俊热贡艺术传习院，夏吾角让徒弟们带上夏吾杨巴一起去采红土。红土是做热贡泥塑最好的材料，每个学泥塑的学生首先要学会采红土。把红土制成的佛像卖出去，徒弟们才有了收入的来源。

夏吾杨巴跟着师兄们出发了！这将是他学习热贡泥塑之路的开始。

1 亿年前的白垩纪时代，印度板块与亚欧板块的冲撞，隆起形成青藏高原。黄河长江自此一路冲击，为中下游地域不断输送人类赖以生存的土壤。黄南州的红土，土质细腻，黏性好，制成的佛像能够做到历经千年佛身不坏。做热贡泥塑的艺人对红土有种敬畏之情。向大自然中取撷红土，要经过寺院师父允许，要经过祭拜土地之神的程序，以表达对大自然的崇敬。

"这是好红土。"夏吾角说。红土层在黑土层之下，与红沙土层混在一起，下挖 1 米以下，才有可能找到。

"夏吾杨巴，采泥时要注意，红土的质感要绵软，不能混进有一粒沙。""嗯。"
他们把一袋袋采集的红土装上车，犹如丰收般喜悦。

第二天清晨，少年夏吾杨巴早早地来到厂房，发现师母正在夯打新采的红土。

"要打多长时间？"夏吾杨巴问。"时间越长越好，你要细心打啊！"师母把夯打红土的工作交给了他。红土经过夯打，才会拥有做红泥佛像的黏性，这是红土的第一步变化。夯打过程中，还要加入适量的棉花，柔弱的棉纤维会对红泥起到拉伸作用。经过上千次地夯打，夏吾杨巴终于完成制作佛像的第一

研磨佛家七宝

刻画佛像上的线条

给佛像上色

夏吾角为佛像点睛

道工序。

　　下一步，夏吾杨巴等徒弟开始磨制六香。六香是六味药，在做药泥时要齐全。

　　夜晚，夏吾角带领徒弟们研磨添加到红泥中的佛家七宝，红珊瑚，红、蓝宝石，蓝铜矿，绿松石，金子。这些价值不菲的宝石、金银，经过上千次地粉碎、敲打，变成颗粒。除此之外，他们还要把珍贵的藏红花、檀香木等藏药和木材研磨成粉，这些材料的加入，会让佛身永远散发出淡淡的清香。

　　第三天上午，僧人们为夏吾角带来了长江、黄河的源头圣水，将它们加在制作佛像的红泥之中。青藏高原是长江与黄河的源头之地，沿着圣洁的雪峰流下，两条大河一路奔腾，孕育了中华璀璨文明。热贡艺术家们视两江源头之水为圣水，在制作佛像的过程中，在红泥之中加入圣水已经成为这项技艺的特有传统。

夏吾角师徒经过一夜研磨而成的佛家七宝粉末，被僧人们撒入红泥。声声唱念之中，完成了红泥到红药泥的转变。

晚上，师父夏吾角带着夏吾杨巴一起，开始制作红泥佛像。

"夏吾杨巴，桑德加，这个红土混了很多稀世奇宝，还有很多珍贵药材，静下心来才会做出更好的佛像。"藏传佛教中各种神祇尊像，均是根据经典的仪轨制定的。《大藏经·工巧明部》中的"三经一疏"，即佛像影量经、绘画度量经、身影量佛像，对传统的佛像制作有详尽介绍。

"就沿着这样做就好。"师父夏吾角手把手教徒弟们捏制佛像。用药泥构建佛身的过程，要严格地按照比例操作，需要艺人牢记其中的比例结构。每一处表情、每一缕线条，都考验制作者对造像经文的理解。

"像这样一层一层，就这样，要轻柔地刷。"夏吾角给徒弟们做示范，一起给佛像上色。

第四天清晨，夏吾角带夏吾杨巴参观热贡艺术博物馆。这座博物馆是夏吾角在政府的帮助下建立起来的，几乎投入了他全部的创作所得，他还特别创作了大量的泥塑、唐卡、堆秀等优秀作品。

泥塑工艺的过程复杂而艰巨，每塑一尊佛像要经历选土、砸泥、雕塑、摸压、上色、描金、制背光、塑莲座等多道工序。红泥佛像前，夏吾角向少年人讲到，制作佛像，就是一个表达圣心与自我酿心的过程。佛态讲究静虑，站在佛前能驱散人们心里一切杂念，就被自然地带进一种祥和的氛围里。

经过一个月的忙碌之后，夏吾角师徒终于可以为寺院装佛了。

装佛是一宗神圣之事。佛像最后一步是点睛，这是一个庄严的时刻。佛像开光加持时，要经过僧人们的诵经，把赋有灵气的佛像化身佛尊，经过这样才完成了装佛。

佛像开光启用的那一刻，夏吾杨巴无比喜悦，这尊泥雕佛像里，有他采的一把红土，有他用木棍夯打的药泥，有他制作佛像时的专注与虔诚。

图书在版编目（ＣＩＰ）数据

传承 / 中国中央电视台编. -- 南昌：江西美术出版社, 2017.2（2020.8重印）

ISBN 978-7-5480-5220-3

Ⅰ.①传… Ⅱ.①中… Ⅲ.①文化遗产－介绍－中国Ⅳ.①K203

中国版本图书馆CIP数据核字(2016)第316401号

出 品 人　周建森

责任编辑　方　姝

责任印制　吴文龙

书籍设计　闵　鹏　先锋设计

传　承
c h u a n c h e n g

中国中央电视台　编

出　　　版：江西美术出版社

地　　　址：南昌市子安路66号

网　　　址：jxfinearts.com

电子信箱：jxms163@163.com

电　　　话：0791-86566309

邮　　　编：330025

经　　　销：全国新华书店

印　　　刷：三河市同力彩印有限公司

版　　　次：2017年2月第1版

印　　　次：2020年8月第3次印刷

开　　　本：710mm×1000mm 1/16

印　　　张：10.5

ISBN 978-7-5480-5220-3

定　价：48.00元